伊藤シヅ子

お母さんありがとう

在宅介護が教えてくれた
高齢者医療と福祉の現実、そして母の心

三恵社

はじめに

母が脳出血で倒れた——。

わたしが妹から知らせを受けたのは二〇〇三（平成一五）年の秋でした。

かねてより念願だった愛知淑徳大学大学院博士後期課程への進学が決まり、新たなカリキュラムが始まって一〇日目のことです。

わたしは家庭の事情があり、三〇代で大学へ進学、五〇代前半で大学院の修士課程を修了という、多くの研究者とは少し違う道を、ゆっくりと歩んでいました。そして「どうせ勉強を続けるなら博士課程にチャレンジしたい」と、周囲の心配もどこ吹く風で、進学を決めたのです。

研究課題は「高齢社会における家族の絆」。

高齢者と介護者や家族との関係、老後の住まいを、聞き取り調査等の社会学的手法を用いて研究してきました。たくさんの高齢者やその家族の方々に接し、老後の不安などに関する貴重な体験談を聞き、問題点を掘り起こし、解決策を考えるのです。

そんなわたしが介護の当事者となったのです。

「来るものが来たな」

わたしは思いました。

母の春枝は生まれてからずっと、京都嵐山の北に位置する亀岡市に住んでいます。倒れた当時は七五歳でした。

連絡をくれた妹は京都に住んでいますが、夫の舅姑《きゅうこ》と同居しており、また仕事で時間的にも経済的にも手一杯ということです。

これ以上負担をかけられません。

わたしは愛知県名古屋市に住んでいましたが、なんとかなるだろうと思いました。そこで、脳出血の後遺症で左半身不随になり、その機能回復のために京都のリハビリ病院へ入院した母のもとへ、週末ごとに通う遠距離介護を始めました。

大学院の指導教授からは「休学することもできますよ」とアドバイスをいただきましたが、やる気満々で入学したこともあり、今歩みを止めたらきっと後悔するに違いないと思い、介護と学業の両立を目指したのです。

しかし始めた途端、自分の考えが甘かったことに気づきました。

当時、わたしは主婦業に加え、自営業の夫の手伝いもしていました。大学院に通うのも一大決心だったのに、その上遠距離介護まで加わっては、やる気だけで回すことなど到底不可能だったのです。結局、わたしの体力が続かず、母を京都の病院から愛知県内のリハビリ病院に転院させることにしました。


それから一〇年間。


わたしの仕事や家族の事情などから、ずっと母の介護を高齢者施設にお願いしてきました。その間に母は脳出血から認知症を発症しました。その病気や他の原因も重なり、リハビリ病院から老人保健施設、養護老人ホーム、グループホーム、特別養護老人ホームをわたりあるくことになりました。最後は、故郷の京都府にあるユニット型の特別養護老人ホームに入所しました。

しかしあることをきっかけに、わたしは母を、最後は在宅介護しようと決心しました。

二〇一三（平成二五）年のことです。

母は現在、要介護5の段階です。

在宅介護の最初の数か月は、それこそ「地獄のような毎日」でした。

夜昼ない介護に肉体は疲れ、止むことのない罵詈雑言にこころは病み、気がつくと、母の一刻も早い死を願うような有様でした。

そんな状況を変えてくれたのが、夫が紹介してくれた二冊の本と、そこからつながっていった出会いです。

鬼のようだった母の形相は、今はまるで菩薩のように穏やかです。

それとともに、わたしの気持ちも穏やかになっていきました。

本書は、わたしと同じように認知症の親を抱え、日々介護と生活とに悪戦苦闘しているみなさんと苦労を分かち合うとともに、わたしが気づいた介護上の問題点と解決策を伝えたら、みなさんの苦労を少しでも減らすことができるのではないかという思いから、日々つけていた介護日記を元にまとめたものです。

お母さんありがとう

在宅介護が教えてくれた
高齢者医療と福祉の現実、
そして母の心

目　次

第一章　母の終の住処を求めて

――連れ合いの死が引き金に

二〇〇三（平成一五）年の秋のことです。

京都府亀岡市に認知症の父と住んでいた母が、脳出血で入院することになりました。

それまでは母が父の面倒を見ていました。

しかしこの入院をきっかけに、両親とも介護が必要になりました。

子どもはわたし（長女）と妹（次女）、末妹（三女）の三人です。

わたしと末妹は名古屋市に住み、妹は京都府で暮らしていました。

当時のわたしたちはいずれも五〇代です。

現役時代の仕上げの時期に入っていました。家庭でも仕事でもやりたいこと、やらなければならないことが山ほどあります。

そこで介護を分担しようと考えました。とはいえ、父と母が遠く離れ離れになることは避けたい。そこで二人を名古屋市に呼び寄せ、末妹が父を、わたしが母の面倒をみることにしました。

母はリハビリ病院を退院後、老人保健施設へ入所させました。

しかし長年連れ添った父と母を別々に看るのはたいへんです。それに仲のよい夫婦を、わたしたちの都合で離れ離れにするのはやはり不憫です。でも現実には、介護に必要なお金、人、時間が十分にありません。

そこで居住区の福祉課にある相談窓口へかけあいました。

すると、「年金が少額で、身内がなかなか介護に時間が割けない場合に預けることができる施設がある」といいます。わたしは末妹と相談して、父と母の二人をその施設へ預けることにしました。

この施設ではほとんど問題が起きませんでした。二人とも老化や認知症がさほど進んでいなかったせいもあるのでしょう。それになにより、夫婦がそろっていたという点が大きいと思います。

平日は大学院の勉強と夫の仕事の手伝いに追われ、週末は両親の世話をするという生活はたいへんでしたが、「介護なんて人が言うほどつらくはない」というのが、この頃の正直な感想でした。

しかし、父が他界して状況が一変しました。

残された母を末妹が引き取ったのですが、脳出血の後遺症に加え、連れ合いを亡くしたショックからか、認知症が徐々に進行し、末妹の手に負えなくなってきたのです。

わたしは末妹とともに情報を集めて、安い費用で面倒をみてくれるという、名古屋市内に新しくできた老人保健施設へ母を入所させることにしました。

――やけど、睡眠薬。納得できない施設の対応

施設が新しいというのは気持ちがよいものです。運よく利用できたことを、わたしたちはとても喜んでいました。

ところが入所してしばらく経ったある日の午前のことです。施設から電話が入りました。母が左の腿にやけどを負ったので、施設側で病院へ連れて行ったというのです。全治一〇日ほどの軽いやけどだということでした。

それから二週間後、わたしは母の見舞いに行きました。

全治一〇日ですから、やけどはとうの昔に治っていなければなりません。しかしまだ患部がガーゼで覆われたままでした。気になってガーゼをおそるおそるはがしてみると、ひどいケロイドになっているではありませんか。

わたしは驚いて、職員に説明を求めました。

「食事の時に自分でお茶をこぼしたんです」

「お茶……ですか」

わたしは施設の食堂へ行き、お茶を飲んでみました。高齢者が利用する食堂ですから、ぬる目の温度に設定されています。四〇～五〇度くらいではないかと思われました。この程度ではひどいケロイドなどできません。

わたしは友人の看護教員に問い合わせてみました。

友人は患部の状態を尋ね、そういうやけどなら「お風呂のシャワー」だろうと教えてくれました。シャワーは水を混ぜないと九〇度近い高温になるというのです。その熱湯を肌に当てると、母の腿にあるようなケロイドができます。

「いったいどういうことなの」

わたしは施設に説明を求めました。

しかし結局、納得のいく回答は得られませんでした。

やけどの患部が落ち着いてきた数週間後、今度は、

「母が夜中にわめいたり、壁を叩いたりしている。他の入所者に迷惑がかかるし、職員も眠れないから、かかりつけの医師に睡眠薬を処方してもらうように」

と、施設から連絡が入りました。

わたしはすぐに病院で睡眠薬を処方してもらいました。しかし、しばらくすると、一錠では眠らないので増量してほしいと施設から連絡が来ました。わたしは言われた通りに医師に処方してもらいました。

ところがそれ以後、母はわたしが迎えに行っても寝ているばかりになってしまいました。外泊中も家にいても夢うつつです。ついにはご飯も食べずに眠るようになってしまいました。

睡眠薬が効きすぎていたのです。

どうやら施設側は、手がかからないようにと母に二錠の睡眠薬を与えているようです。そんなことをされたら、ただでさえ老化が進む母の身体がこわれてしまいます。

わたしは施設に抗議をしました。すると施設側は、

「もうこちらの手には負えませんから他の施設に移ってください」

と言います。そして違う施設を紹介されました。

迷惑をかけるなら仕方がないと思いました。

老人保健施設はどこも順番待ちができているのが普通です。しかしこの施設の紹介ならばすぐに入所できるということでした。順番を待つ間、在宅で介護しなければならないような羽目にはなりません。

わたしはすぐに施設を移ることを了解し、母を新しい老人保健施設に連れて行きました。ほんとうにすぐ入所することができたので驚きましたが、在宅で介護する事態を免れたので、正直ほっとしました。

老人保健施設同士が裏でつながり、入所者を融通し合っているという話を聞いたのは、ずっと後のことでした。

――募る施設への不信感

紹介された老人保健施設は、病院が経営しており、定員一〇〇人ほどの認知症患者を収容する認知症患者専用のフロアがありました。

母はこのフロアに入所することになりました。

事前の見学で親切なケアマネジャーに世話をしていただいたことや、移動の際には、前に入所していた老人保健施設の職員も同行して何かと面倒をみていただいたこと、食堂の雰囲気や職員たちの応対がとてもよかったことから、これで安心して母を任せられると肩の荷が下りた心持ちでした。

なにより病院が経営しているという点が、認知症が進み始めた母にとってはよいことだと考えました。

ところが母の世話をしに行ったある日のことです。

母が食事中に用を足したいと言い出したので、事前に教えられたトイレに行くと鍵がかかっていました。あわてて同じフロアにもう一か所あると教えられていたトイレへ車椅子の母を連れて行くと、今度は長蛇の列です。

なんと男性職員がトイレの前に立ち、右手でトイレットペーパーのロールを持ち、左手でひと巻きして、今からトイレを使うという入所者に渡しているではありませんか。トイレットペーパーは一五センチほどの長さしかありません。

二か所あるトイレの一か所を閉鎖し、もう一か所のトイレでは男性職員が決められた長さのトイレットペーパーを入所者に渡している――。

なんとも奇妙な光景でした。

また入所者は個室を与えられるのですが、枕元に写真などを置くとすべて撤去させられました。その他の私物もなるべく置かないようにしてくれということです。他の認知症の入所者が入り込んで、ものを持って行ってしまうことがあるのでその予防だということでした。

殺風景な部屋に母がひとりでいる様子はとてもわびしいものでした。表情からも精気が感じられません。

また部屋はすべて施錠されている上に、監視カメラが設置されており、全員の様子が職員の詰め所でモニターされていました。

刑務所に入れられているようなものです。

わたしは再び、

「この施設もなんだかおかしいぞ」

と思うようになりました。

そんなある日のことでした。

わたしが母に会いに行くと、母の右目が真っ赤に充血していました。職員に病院へ連れて行くように頼むと、今は職員の手が空いていないからできないという返事です。そこでわたしは自分で眼科医院に連れて行くことにしました。

眼科医院では別状ないと診断されましたが、母には脳出血の病歴があります。そこで念のために、脳外科医院にも診てもらおうと考えました。

病院へ着いたのは夕方でたいへん混んでいました。約束の帰所時間には間に合いそうにないので、施設へ連絡を入れました。

すると、担当の職員からひどく叱られました。

帰りが遅くなるからではありません。

原因はお金でした。

老人保健施設に入所している高齢者は医療保険が適用されません。他の医療機関を受診する場合は、老人保健施設の主治医の許可が必要となるのです。そして一番問題となるのはこの医療費です。本人は病院窓口で一〜三割の自己負担分を支払えば済みますが、残りの七〜九割は、受診した医療機関から老人保健施設へと請求が行くのです。

だから担当職員は激怒したのでした。

「入所時にご説明したはずです。勝手な行動は困ります。もう一度このようなことがあれば、退所していただきます」

たしかに事前に説明があったかもしれません。しかし前の施設からあわてて移ってきたので、わたしには説明を聞いたおぼえがまるでありませんでした。しかし抗弁しても水掛け論になるだけです。その場合、不利益をこうむるのはわたしたちのほうです。

しかしわたしは泣き寝入りするのも腹がたつので、名古屋市の介護施設苦情窓口に連絡を入れました。職員はすぐに対応してくれましたが、調査の結果、特に問題はなかったという報告だけで、騒動は幕引きとなりました。

福祉行政にくわしい友人に尋ねると、行政と老人保健施設は裏でちゃんとつながっているから、苦情窓口なんてお飾りで、市民のクレームなどまともに取り上げてくれないということでした。

ことの真偽は定かではありませんが、この事件をきっかけにわたしは再び、違う施設を探し始めました。刑務所のように規則でがんじがらめになった施設で介護されても、母がしあわせな余生を送れるとは到底思えなかったからです。

——認知症高齢者の行き着く先

次の施設を探さなければなりません。

認知症は日に日に悪化しています。普通の老人保健施設での受け入れは無理だろうと思われました。

母は寂しがり屋なところがあります。トラブルになった老人保健施設みたいな冷たい雰囲気には耐えられないでしょう。

そこで少人数の認知症高齢者が共同生活を送るという形式のグループホームがよいのではないかと考えました。

市内にあるグループホームを調べると、わたしの自宅にほど近い場所に格好のグループホームがあるのがわかりました。さっそく見学と面談に行くと、同行した母の反応も上々でした。ホームの経営者は、自分の母を介護した経験を活かし、自宅跡に施設を建ててグループホームを始めたということです。

手厚い介護が期待できそうです。

費用は月額一八万円プラス小遣い二万円で計二〇万円。

母は年金を月額七万円しかもらっていなかったので、差額分を埋めるにはわたしのパートの給料をすべて注ぎ込まなくてはなりませんでした。しかし、施設、人、環境を考えると、その価値はあるように思えました。

前の施設を退所する日、わたしが迎えに行くと、母は入れ歯がずり落ち、牛のようによだれを垂らしていました。移動の際にあばれると手間がかかるから睡眠薬を大量に処方したのだろうと思われました。ひどいことをするものです。そのままグループホームへ連れて行くと、職員から「面談にいらした時はお元気でしたのに、どうしてこんな状態になったのですか」ととても心配してくれました。それだけでわたしはとても安心することができました。

ベランダには鉢植えの花が咲き、庭先では菜園が営まれています。近くには観光名所もあるので、施設内にも施設外にも楽しみがいっぱいです。

また、三月にはお雛さまが飾られ、それ以外にもお花見をしたり、水族館の見学会を催すなど、さまざまな行事が企画されています。誕生会には本人の希望する食事を準備していただけるとのことでした。わたしは、

「ようやく母の終の住処を見つけた」

と思いました。

ひとつだけ懸念があったのは、母の枕元にある呼び出しブザーです。先にも述べたように、母は寂しがり屋です。しかも認知症が進んで、昼夜の区別があいまいになっているので、夜中にブザーを頻繁に鳴らすのです。前の施設でも問題にされたことがありました。これが原因でグループホームの職員に煙たがられては、せっかくのよい環境をみずから捨ててしまうことにもなりかねません。

そこで呼び出しブザーを撤去するように施設側に頼みました。

しかし規則があるということで施設側は撤去してくれません。案の定、母は夜中に何度もブザーを鳴らして、職員に迷惑をかけるようになりました。わたしは施設側と相談して、ブザーの電池を抜いてしまうことで規則と現状との両立をはかることにしました。

規則があるのは仕方がありませんが、入所者はひとりひとり個性の違う人間です。家族と施設側が知恵を出しあい、トラブルを解決していかなければ、介護はうまく回っていかないのだなとつくづく感じました。

グループホームの介護には満足していました。

しかし一年をすぎた頃、突然、施設から特別養護老人ホームへ移ってほしいという要望を受けました。

母の認知症が悪化したため、手に負えないというのです。

最初は一人で歩いていたのですが、車椅子がないと移動もできないようになりました。また何かを叫ぶようになりました。特に人への暴言がひどく、認知症であるがゆえの発言だとわかっていても、腹が立つようなことを平気で言うのです。その上介護人を叩いたり、ベッドや入浴時にあばれたりするのですから、たしかに負担は大きいでしょう。

しかし、月二〇万円もの料金をとっていたのです。認知症が治らないのはわかっているけれど、もう少し何とかしてくれなかったのかなととても残念でした。お金を作るためにパート仕事に勤しんだ毎日が思い出されて、何にもかもが嫌になりました。

しかし現実は待ったなしです。

わたしは紹介された特別養護老人ホームへ連絡をとりました。

数百人の待機者がいるという特別養護老人ホームでしたが、前例同様、この時もすんなりと入所することができました。

移動の日の朝、職員たちは玄関に勢ぞろいし、「足のリハビリが終わったら、帰ってきてね」と手を振りました。

「手間のかかる入所者を体よく追い出したのに、よくそんなせりふが言えるものだ」

わたしは心の中でつぶやきました。

期待以上の設備やサービスだっただけに悔しい思いでいっぱいでした。

――終の住処を求めて

移った特別養護老人ホームでは、笑顔のすてきな女性職員と男性職員に出迎えられました。対応は問題ないように思われました。母は認知症高齢者専用のフロアに入ることになりました。

ここでも部屋には鍵がかけられています。

理由は以前の施設と同じで、同じフロアの入所者が入り込み、ものを持っていくなどの事故を防ぐことでした。でも入所者の所持品は必要最低限に抑えられているので、部屋には盗まれるものなどありません。

入所後しばらくして、施設長が替わったのを機に、部屋の施錠しないことと一度泊まりがけで介護してあげたいことという二つの希望を申し出ました。寂しがり屋の母にせがまれたからです。

施錠しないことは認めてくれましたが、泊まりがけの介護は、「家族からそんな要望を受けたのは初めてです」と驚かれました。

結局、母の個室に簡易ベッドを用意してもらい、午後九時から母のそばに付き添って「泊まりがけの介護」をすることができました。よい機会だったので、わたしは母を看ると同時に夜間の母の様子を観察することにしました。

母の個室にはトイレがあります。食事の後にそのトイレを利用しようと思いましたが、ここも鍵がかかっていました。使用できるのは同じフロアにある一か所だけです。職員の手が足りないので、設備が整っていても利用できないのです。これは見学時に見逃していた点だと思いました。

また病室は壁も床もベッドも真っ白です。清潔な印象を与えるのですが、これではまるでどこか大きな病院の病室です。介護施設は病院ではありません。これでは高齢者は安らぐことができないだろうと思いました。これも見学時には気づけなかった点です。高齢者はきれいな印象の部屋よりも落ち着く部屋で過ごしたいのです。

夜中に二、三度、母をトイレに連れて行きました。

トイレの時間は決まっており、それ以外の時間は本人が希望してもがまんさせられます。これも人手不足の影響なのかと思いました。

翌朝、看護師さんが顔を見せました。

すると母は、

「嫌い、あっち行け」

と怒鳴ります。鬼の形相です。その時は、「また認知症の症状が悪化した」としか思っていなかったのですが、後々いろいろなことを考えさせられるきっかけになりました。

わたしは時間の許すかぎり、母を見舞いました。

何度目かの見舞いの折、母の身体にあざができているのに気づきました。

ひたいと腕です。

看護師に問い合わせると、採血の際に暴れて危険なので、腕を押さえているのだということでした。本人が嫌がっているのだから採血を中止してほしいと頼みましたが、投薬中は血中濃度を調べる必要があり、医師の指示がないと中止できないと突っぱねます。

それでは、ひたいのあざはなぜできたのかと再度尋ねました。すると今度は女性職員がトイレでぶつけたのだと言いました。不思議に思ったわたしはトイレに座って確認しましたがひたいを打ち付けるような場所はどこにもありません。

そのうち、今度は入浴時に暴れると苦情の連絡が入りました。

わたしは施設へ駆けつけ、入浴を見せてもらいました。

たしかに母は大暴れします。男性職員が二人がかりで押さえつけても言うことを聞きません。

わたしも手を貸しましたが、老いた小さな身体のどこにこんな力が残っているのだと思うほど振り回されます。

これを押さえつけられるのですから、あざができても仕方がないだろうと思いました。だからといって、このまま見過ごすわけにはいきません。

入浴後にわたしは、ダメ元で母に暴れる理由を尋ねました。

すると母は、職員が母の着替えを床へじかに置いているのを見て、

「こんなものは着たくない」

と言いました。

そういえば母は元々とてもきれい好きでした。いろいろな人が素足で踏んでいる共同浴場の床へ置いた服など、若い時でも絶対に袖を通さなかったに違いありません。わたしでも気持ちが悪くてぞっとします。

いくら認知症が進んでいても、

「反抗にはかならず理由がある」

のです。

以前に口走った「嫌い、あっちへ行け」にもきっと明確な理由があったに違いありません。

また母はわたしが見舞うたびに「帰りたい、帰りたい」と口にするようになりました。わた

しがはっとしたのは、それが京都弁だったことです。母は生まれも育ちも京都府亀岡市。話す言葉は京都弁です。しかしここは名古屋。周囲は全員が名古屋弁を使うのです。これでは孤独感を味わうのは当然です。

母は自分の意思を看護師や職員に伝えられず、子どものように歯がゆい思いをしていたのです。それが暴力や暴言につながっていたのでした。

わたしは早く何とかしてあげたい気持ちで一杯になりました。

しかし連れて帰ろうにも、それができません。

当時、わたしの家では娘が出産を控えていたからです。

身重の娘と認知症の母を同時に看ることはさすがにできません。

だけど、もし今母が亡くなるようなことがあったら、きっとわたしは一生後悔するはずです。

そんな煩悶《はんもん》がしばらく続きました。

こんな状況だったので、京都府亀岡市にユニット型の特別養護老人ホームが新設されるという情報を知った時は天にも昇る心地がしました。

わたしはすぐに母を車に乗せて施設の見学に向かいました。

病院が経営母体で、しかも新設なので設備に問題はありません。母も久々に故郷へ帰ったのと人が話す京都弁を耳にしたこととで、顔が生き生きしています。

また「家族と利用者様に寄り添った介護を目指します」という施設の理念も気に入りました。今まで「施設のことだけを考えた介護」に散々悩まされたからです。まさにわが意を得た思いでした。

母もホームを移りたがりました。

わたしは再び名古屋から京都への遠距離介護に戻りますが、京都には妹夫婦もいますし、そんなことは問題ではないと思いました。

入所すると、幸運なことに母の同級生も入所していました。

「これで母にほんとうの終の住処ができた」

母の介護を始めて六年目。二〇〇九（平成二一）年四月のことでした。


一年目と二年目はとても穏やかにすぎていきました。

わたしはすっかり安心して見舞いを季節ごとにしました。

親が故郷で暮らしているというのは、子どもにとって、それほど安心感を与えるものなのです。

ところが三年目のある日、わたしが見舞いに行くと、母が一人で食事をしていることに気づきました。他の入所者はテーブルに集まっているのです。職員に理由を尋ねると、母は食事のさなかにテーブルを叩いたり、大声で叫んだりして他の入所者に迷惑をかけるので別扱いにしたのだということでした。

それに食べたものを吐き出すといいます。

「苦い」

と言うらしいのです。

母の顔には精気がありません。

何を話しかけてもぼんやりしています。

わたしがもしやと思って職員に尋ねると、ご飯には五種類の薬が混ぜられているということでした。睡眠薬、血圧降下薬、精神安定剤などです。

こんなにたくさんの薬を処方して大丈夫なのかと問うと、職員は、医師が処方しているので問題ないと言うばかりです。

しかし日を追うごとに異変はひどくなっていきました。

食事や表情だけではありません。

母はもはやトイレに立つことができなくなり、紙おむつを常用していたのでした。せっかく故郷の施設へ戻ることができたのに、それがきっかけでひどく衰弱してしまったことは明らかでした。

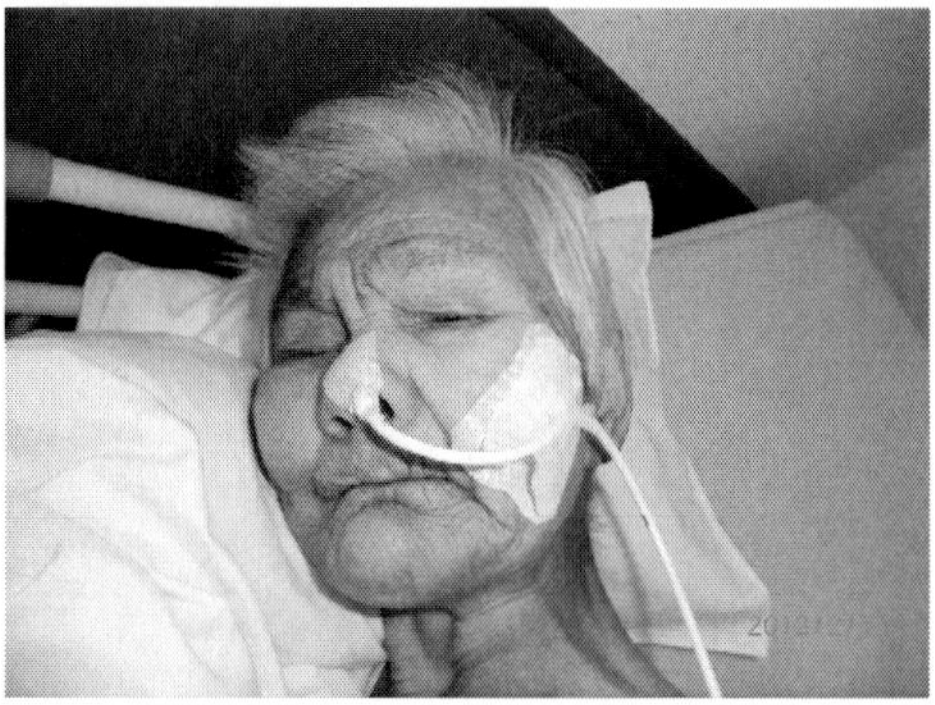

(写真1)
認知症が悪化したからという理由で、栄養をとるための管を鼻から通された母。この姿を見て、わたしは在宅介護を決断しました。

そして入所四年目の二〇一三(平成二五)年一月。五日連続で食べものを吐き出した直後に、母は脱水症状を起こし、救急車で病院に搬送されてしまいました。

――納得できない病院の説明

母が搬送されたのは、ホームの経営母体である京都市内の総合病院でした。

先に妹が見舞いに行き、わたしも仕事や家庭内の都合をつけて、週末に病院へ向かいました。

母はベッドに横たわり、栄養をとるための管が鼻から挿入されていました。

経鼻胃管栄養法(以下、経管栄養法)がとられていたのです(写真1)。

経管栄養法を実施する際には、事前に家族への説明・相談・承諾が必要なはずです。食事を口からとらないと生きる力が極端に衰えてしまいますし、施設側が介護の手間を省くために経管栄養法をとるような事例が後を絶たないからです。

わたしは病院に説明を求めました。

すると主治医の副院長は、

「食事に薬を混ぜたら異物だと認識して食事を食べなくなった。こんなに認知症がひどい人の場合、職員も介護がたいへんだから薬を飲ませる必要がある。だいたい家族で持て余したから、施設に預けているんでしょう」

まるで「介護してやっているんだから文句を言うな」という口ぶりです。医師の言葉に逆らうのは一般人のわたしにはできませんが、どうにも納得がいきません。そんな様子を察したのか、二日後にホームの相談員から、ホームの看護師と病院の副院長とで三者会談を行おうと提案されました。そこまで大げさにしなくてもいいと辞退しようと思いましたが、

「ホームとしても納得のいかないことがありますから」

と言います。病院側の処置について、ホーム側も疑問に思っているのだなと心強く感じました。

ところが三者会談の席で副院長は、約束していたにもかかわらず、わたしと看護師を三〇分も待たせました。その上、看護師の「ホームでは口から食事をとっていました」という主張を

さえぎり、

「認知症がひどいので、暴言を吐くし、夜は独語で同じフロアの人から睡眠妨害で眠れないと苦情がある。介護する人も困るのだから、負担がかからないようにする必要がある。前にも言ったが、自宅で看られないから預けているのでしょう。みんなが困らないように、アリセプト[1]を一錠から二錠にすれば退院していいです」

と持論をまくし立て、食事に薬を混ぜたことや入院、経管栄養法の使用などの相談や承諾については、

「過去のアラ探しをしても、前には進みませんよ」

と吐き捨てるように言いました。

わたしとホームの看護師は、副院長の傲慢で高圧的な態度を前に、それ以上口を挟むことができませんでした。

入院から一八日後、母は退院してホームに戻りました。ホームへ戻った際、母は職員に「ただいま帰りました。頼むはなあ」と挨拶をしたそうです。

ホームへ戻っても、母は管につながれたままでした。

「水がほしい。何か食べたい」

と訴えても、誤嚥《ごえん》性肺炎を起こす危険性が高いという理由から何も与えられません。

このままでは早晩、衰弱死してしまうでしょう。それでは母があまりに不憫です。わたしは現状を打開する方法はないかといろいろな人を尋ね歩きました。

目標は、

「経管栄養法を中止して口から栄養がとれるようになること」

「車椅子に座って散歩ができること」

です。

しかし介護福祉士、ケアマネジャー、看護師、医師は一様に「誤嚥性肺炎の危険性があるので無理」の一点張りです。口から栄養がとれなければ、寝たきりから回復することもないので、「車椅子に座って散歩ができること」も不可能となってしまうでしょう。

ある人から、「ホームでターミナルケア（看取り）をしているところがあるので問い合わせてみてはどうか」とアドバイスをいただきました。

ついに母の最期を意識しなければならないところまで来たのかと、わたしは愕然としました。

しかしわたしが弱ってしまっては、母に何もしてやれません。

わたしは自分にできることはないかと必死に考えました。

すると、入所する際、ホーム内に看取りをするための家族宿泊室があると説明されたことを思い出しました。

「そこを利用して、夜昼問わず母の世話をしてあげたい」

わたしはそう考え、ホームにお願いをしました。

しかしホーム側からは、家族宿泊室はあくまで看取りのための施設で、「余命あと三日」にならないと利用できないという返事でした。

では以前、別の施設でしたように、母の部屋に簡易ベッドをしつらえて、そこに泊まり、母の面倒をみたいとお願いしました。

わたしの頼みを聞いた相談員は、施設長に相談すると言いましたがそれ以降、

「本日、施設長は不在です」

「明日は休みです」

「明後日は出勤しません」

と、居留守でも使われるような態度をとられます。まるで、

「ずるずる引き伸ばしておけばいい」

とでも考えているかのような対応でした。「家族と利用者様に寄り添った介護を目指します」というホームの理念はどこかへ消えてしまったようでした。

そんな押し問答が数週間続きました。

見舞いへ行くたびに母は、

「水がほしい、食べものがほしい、家に帰りたい」

と訴えます。

このままゆけば、母は、水や食べものを求めて死んでいくことになってしまいます。わたしはもう決断するしかないと思いました。

「母はうちで面倒をみる」

決心した当初は、仕事で大切な出張があったため、三月三日以後に退所しようと考えましたが、もうろうとする意識の中で帰宅を哀願する母の願いを一刻も早く叶えたいと考え、急遽二月二三日に退所することにしました。

退所を伝えると、雲隠れしていた施設長がどこからともなく現れました。

不思議なことがあるものです。

そして、手続について説明があり、在宅介護について質問すると、懇切丁寧に答えてくださり、最後は資料をコピーして渡してくれました。

手間のかかる入所者と口うるさい家族がいなくなることが、よほどうれしかったのでしょう。

しかしその後の対応はずさんなものでした。

退所後は在宅介護をすると伝えていたにもかかわらず、経管栄養法の方法や薬の飲ませ方といった必要不可欠なアドバイスが一切なかったのです。

高齢者福祉の当事者とは思えない、さびしい心根です。

しかし、認知症の母を受け入れ、四年間も介護していただいた場所です。ホーム全体の方針はどうであれ、職員一人ひとりは、精一杯介護に当たっていただいたと信じています。不満はありましたが、やはり感謝の気持ちを忘れてはいけないとわたしは肝に銘じました。


こうしてわたしは、母親を自宅で介護する在宅介護の道を選びました。

母が要介護者になってから一〇年。

さまざまな高齢者施設にお世話になりました。

しかし結局、母が安心して生活を送り、家族が納得できる施設を見つけることはできませんでした。

施設の介護のあり方に疑問を抱き、よい施設の情報を求めて、それこそ東奔西走し、施設が変わるたびに医師から診断書を発行してもらい、職員の方に母の現状を説明し、時には施設の設備や規則についてまで首を突っ込んでこまかな調整を行い、休日をつぶして見舞いに行き、母に変調がないか注意深く観察し、食事のたびに食が太くなった細くなったと一喜一憂し、看護師や職員の手際の悪さに絶望したり、さすがと思ったり、病状に改善が見られなかったり母の不機嫌や不調が続くと施設の介護体制を疑い、もっとよいケアが受けられるはずだと、再びあちこちを歩いて、よりよい施設を探したり——。

費やした時間と体力、そして費用はたいへんなものでした。

特別養護老人ホームは、要介護5の入所者一人あたり介護保険から月額約三六万円、入所者から月額約七万円を得ています。それだけの報酬を得ておきながら、利用者にこれほどの負担をかけさせる制度というのは、やはりどこかに大きな欠陥を抱えていると考えざるを得ません。また制度だけでなく、直接介護にたずさわる職員のスキルにもたくさんの問題があるように思えました。

介護はサービス業です。入所者はみなさんのサービススキルを信用してお金を払っているのです。高齢者のことも、認知症患者のことも、終末にさしかかった人のこころのケアも知り、実践しなければならないのです。その自覚が足らない人が高齢者施設の職員には多いように感じました。

それでもわたしはまだよいほうだと思います。

元々、高齢者問題を研究しており、まんざら知らない世界ではなかったわけですから。まったく知識なく、介護という状況に飛び込まざるをえないほとんどの人たちには、理想の施設を確保することなど至難の業に思えます。

こうした現状はきっと変えてゆかなくてはならないでしょう。


さて、高齢者施設への提言はこのへんでおきましょう。

わたしは、施設への不満と母に幸せな余生を過ごしてほしいという気持ちだけで在宅介護を選びました。しかしそこには、気持ちだけでは解決不可能な、大きな困難が待ち受けていました。

認知症とのたたかいです。

第二章　認知症とのたたかい

――在宅介護の手配

母は予定通り、二〇一三（平成二五）年二月二三日に、京都の特別養護老人ホームを退所しました。ホームへは京都の妹夫婦が迎えに行きました。

「退院やで」

と話しかけると、母はにっこり笑顔でうなずいたそうです。

そこから三時間かけて名古屋市の末妹宅へ無事に到着しました。経管栄養法の管を挿したままの姿は傍目にも痛々しく、移動の疲れが出たのか、到着時は機嫌が悪かったのをよくおぼえています。

ここで在宅介護を始めるにあたっての手順を確認しておきましょう。

まずは、居宅介護支援事業所を選定し、介護支援専門員、つまりケアマネジャーを決定します。ケアマネジャーは、「介護が必要な人が適切なサービスを受けられるようにケアプランを作成し、市区町村やサービス事業者との連絡・調整を行ってくれる人」[2]です。

次にケアマネジャーに相談して、電動ベッドの手配、身体介護（おむつ交換）を行うヘルパーの手配、訪問入浴の手配などのサービスについてケアプラン（計画）を作成してもらいます。

それから、いろいろな方面から情報収集をし、訪問医療先を決めて、医師と看護師を依頼します。訪問医と訪問看護師がこれで決まります。

これらにはすべて契約が必要となります。以下にこの段階で契約書を交わす必要のある項目をまとめました。

1. 居宅介護支援（ケアマネジメント）契約書
2. 福祉用具貸与・介護予防福祉用具貸与サービス利用計画書
3. 訪問介護サービス契約書
4. 訪問診療医師
5. 居宅療養管理指導・契約書
6. 訪問入浴介護サービス契約書

契約の際は必ず、それぞれの事業所から重要事項説明書についての説明があります。また利用料金は自動払込なので、その手続が必要です。

――「食べていいのか！」母の喜ぶ声

母が名古屋に到着した日の翌日――。

さっそく訪問看護師がやってきました。

最初に行ったのは、吸口で水を飲ませることでした。

前に述べたように最後にいた特別養護老人ホームでは、誤嚥性肺炎の危険性があるとして、食べることも飲むことも許されていませんでしたから、わたしは驚きました。

すると訪問看護師は、水を飲ませながら母ののどに聴診器を当てて飲み込む音を聴いています（写真2）。そして……。

「少し飲み込みが悪いようですね」

そう言うと、嚥下能力を高めてくれるという耳の後ろにあるツボをマッサージしてくれました。母にはまだ嚥下能力が残っており、その力を使ってものを食べる段階まで徐々に回復させせ

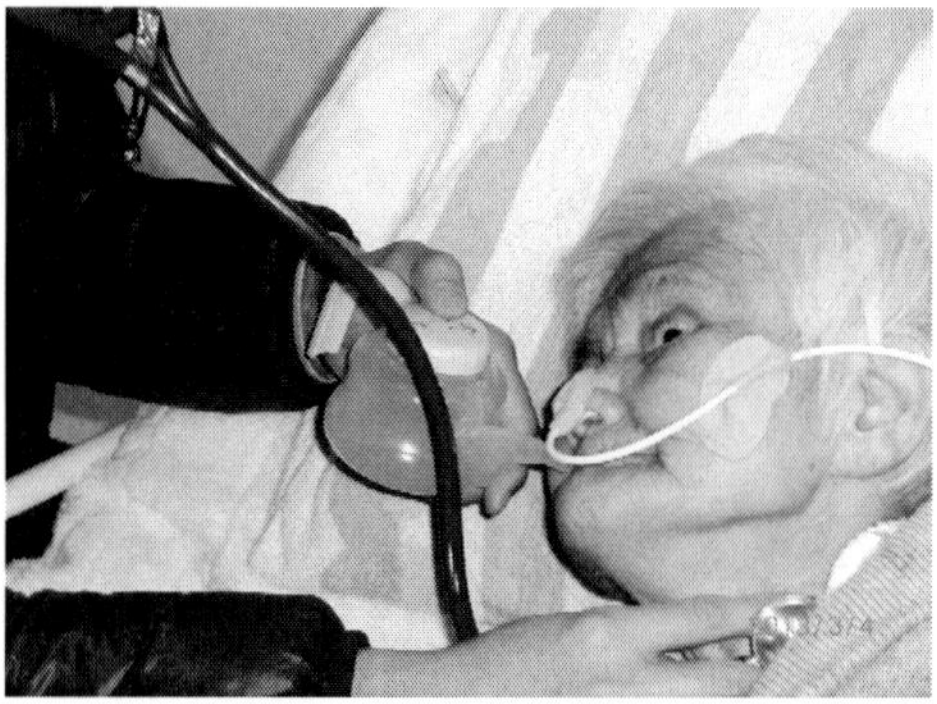

（写真2）
訪問看護師が、母に水を飲ませながらのどに聴診器を当てて飲み込む音を聴いています。母にはまだ嚥下能力が残っていました。在宅介護を始めてよかったと思った最初の出来事でした。

ることが可能だというのです。

わたしは思わず快哉を叫びました。

早くもひとつ目の目標が叶ったのです。在宅介護に変えてよかったと思いました。管がとれ、口から食べものをとることができるようになれば、認知症も改善するかもしれないと思うくらい、心強い出来事でした。

翌日の二五日には、いよかんを二房食べさせてもらいました。

オレンジ色のみずみずしいいよかんの実を目の前にして、母は思わず、

「食べていいのか！」

と尋ねたそうです。

さぞたくさんのつばが出ていたことでしょう。

――家族と専門家の助け

ところが二八日の朝にアクシデントが起きました。

鼻からチューブが抜けていたのです。

母は夜間、鼻のチューブを抜こうとします。それを防ぐため、いつもは「フドーてぶくろ」[3]を装着していたのですが、介護に慣れない家族がうっかり忘れてしまったのでした。

あわてて訪問看護師に連絡をとりました。

すると訪問看護師は、現状のチューブは太すぎたので、ちょうどよい機会だから午後に病院へ行き、細いチューブに変えてもらいましょうと提案してくれました。細いチューブにすると喉の空きが広がるので、口から食べられるものが増えるのだそうです。

災い転じて福となすとはこのことです。

訪問看護師の見事な判断力にすっかり感心しました。こういう方を介護のプロと言うのでしょう。

小さなトラブルはありましたが、わたしの出張の間、末妹家族はチームワークで困難を乗り越えてくれました。在宅介護は一人で行うものではありません。家族、地域、専門家が一体となって行うものなのだということを、身をもって知ることになった九日間でした。この後も要所要所で、わたしは家族や周囲の人々に助けられることになります。

さて、わたしが本格的に母の介護にたずさわるにあたり、末妹から申し送りがありました。一番大変だったのは夜間のおむつ交換だったというのです。交換中は力の残っている右手で身体や顔を殴られ続けるので、ひとりではとても無理だろうということでした。

三月三日、いよいよわたしの本格的な在宅介護が始まりました。

母は環境や人が変わると興奮して機嫌が悪くなります。この日も相当ご機嫌斜めでした。わたしに加え、ベテランの介護ヘルパーと初対面だったからです。

ヘルパーにお願いしたのはおむつ交換でした。

ヘルパーは二四〇ミリリットルのペットボトルのふたに穴を開けた、簡易式の陰部洗浄器を使っていました。また六〇度の湯で濡らした手ぬぐいを二枚用意するようにとの指示がありました。一枚は陰部の拭き取り用。これで汚れを拭い、二枚目は仕上げに使います。

給湯器の湯を使って準備をしていると、「手ぬぐいを濡らして、六〇度に設定した電子レンジで加熱したほうが簡単ですよ」と教えてもらいました。

毎日のことですから、こうした細かなノウハウが仕事軽減の役に立ちます。

夕食後は、夫が後片付けを手伝ってくれ、「これから大変だけど君が倒れては困るから、日常生活の買い物などは協力する。だから遠慮しないで」と声をかけられました。実際に手伝いを頼むと頼まないとにかかわらず、こうした声かけは本当にありがたいものです。わたしはよい家族をもって幸せだと思いました。


翌日は午後にレンタルの電動ベッドが搬入されました。

家族にも助けてもらって四人で母をベッドに移し、業者から使用方法の説明を受けます。

その後区役所に転入届を出し、後期高齢者医療保険者証と介護保険被保険者証の手続きを済ませました。

夕方には訪問看護師がやってきました。

そこでわたしは家族の希望を伝えました。

1．鼻のチューブを抜いて、口から食べさせたい
2．車椅子に座らせたい

訪問看護師は、目標の実現にできるだけの努力をし、みなさんを応援していきますと答えて

くださいました。

胸にしみる言葉でした。

ところがその夜、再びアクシデントが起きます。母がまた、チューブを抜いてしまったのです。急いで訪問看護師に連絡しました。

すると早速、医師に連絡をとってくれて、明日からはエンシュアリキッド[4]で口から栄養をとりましょう、ということになりました。

前回のトラブルの時と同様に、困難をチャンスに変える訪問看護師の手腕は見事だなとほんとうに感心しました。同時に、認知症高齢者の介護はトラブルの連続だから、それをてこに前に進んでいかないとすぐに行き詰まってしまうのだということに気づきました。

――悪化する認知症症状

午前中は訪問看護師がやってきます。

エンシュアリキッドの摂取目標は、一缶二五〇ミリリットルを一日三缶です。

液体のままで飲ませると誤嚥の可能性があるので、粉末の寒天を混ぜて歯応えを作りました。

またこのようにやわらかいものと、みかんのような固形物を同時に口に運ばないようにとの指示を訪問看護師から受けました。これも誤嚥を防ぐためです。

午後は訪問医の往診を受けました。訪問医には、口から食べものを食べないと、口の中まで気を配ることができなくなり、口腔の汚れから細菌が増え、発熱や肺炎の原因となることがあるというので、訪問歯科医による口腔ケアを勧められました。

夜になるとまた、訪問看護師から電話連絡がありました。母がちゃんと薬を服用しているかの確認でした。相変わらず苦い薬は敬遠気味でしたが、胃薬だと言い湯に溶くと飲んでくれます。そう伝えると、訪問看護師はわがことのように喜んでくれました。この訪問看護師のような方に介護を協力してもらえると、当事者のわたしたちも元気になります。

こわごわ始めた在宅介護も一見、順調に滑りだしたかのようでした。

しかし介護をいくらがんばっても、認知症を患っている当人にはなかなか伝わらないものです。脳出血に端を発した母の認知症は日増しに悪化していきました。

言動はわがまま、わたしたちやスタッフのみなさんへの暴言、暴力はひどくなる一方でした。特にひどいのは独語です。夜中じゅう、よくわからない言葉を大声で叫ぶのです。興奮している時はそれが数時間も続きます。そうなると介護している側は眠ることができません。

添い寝をしているわたしは、

「うるさい！」

堪忍袋の緒が切れて母を怒鳴ります。そうするとしばらくは静かになりますが、しばらくするとまた声のボリュームが上がるのです。

叱りつけるのは気が引けるものです。相手が自分の親だからなおさらです。しかし睡眠を妨げられるストレスは、言葉では言い表せないくらい、精神的にも肉体的にもきびしいものです。このストレスが積み重なって、多くの人が在宅介護をあきらめたり、最悪の悲劇を招くのかもしれないなと思いました。

何とか解決しなければなりません。

わたしたちが頼りにしている訪問看護師に対しても母の態度は変わりません。

硬直している足の筋肉をほぐすためにマッサージをしてもらっているのに、

「あほ、あかん。おまえはあほや」

などと訪問看護師を罵倒するのです。

そして、まだ自由がきく右手で暴力を振るおうとするのです。わたしは強く握られた母の右手を必死で押さえて、

「大丈夫。大丈夫だから」

となだめるのが精一杯です。

その右手は特に夜間にひどく動きました。

「夜は怖いから、一緒に寝てや」

と母に頼まれるのですが、母は右手でベッドの柵を叩き続けるのです。わたしはまた、

「うるさい！」

と叱ります。そうすると少しの間静かになります。だけどしばらくするとまた右手が動くか、独語を始めるのです。


エンシュアリキッドを始めて四日ほどが経ちました。

食事はみかんと寒天のエンシュアリキッド、それに健康飲料が加わりました。甘いものばかりなので、母は「ご飯が食べたい」と言い出します。

食欲があるのはとてもいいことです。

しかし暴言や暴力は変わりません。

この日、ヘルパーからおむつ交換のよいアイデアを教えてもらいました。

おむつにあらかじめ尿ケア専用パッド[5](以下、尿とりパッド、もしくはパッドと表記)を差し込んでおくのです。そうすれば夜中のおむつ交換は、この尿とりパッドを引き抜くだけでよくなります。

その日の夜からさっそく試してみることにしました。

ちょうど午前三時頃です。

わたしは母の右手がベッドの柵を叩く音で目覚めました。おむつを触ると濡れています。昼間教えられたとおりに尿で大きく膨らんでいるパッドを引き抜きました。すると母は、いつもなら独語したり暴れたりするのに、まもなくすやすやと眠ってくれました。

それでわかりました。

夜中の独語や暴力は、おむつの中の不快感を訴えたかったのです。

「反抗にはかならず理由がある」

わたしはあの言葉をもう一度かみしめました。

とはいえ、その理由を見つけるのは容易ではありません。

翌日は午後に訪問入浴がありました。

四人の職員がやってきて、母の住む三階の居室まで組立式のバスタブを運び、てきぱきと組み立てます。三八度というちょうどいい加減のゆずの香りのするお湯のはずなのに、母はやはり抵抗し、職員や看護師やわたしに暴言を吐くのです。

夕方には再び訪問看護師が来て、母に足のマッサージを施します。

お湯にマッサージ。

気持ちよいことばかりのはずなのに、母は、

「これはあかん。あほ！」

と訪問看護師をなじります。

その日は身体が温まったせいか便通もあり、夜も穏やかだったので、肉体的にはとてもリラックスしたのでしょう。

しかしそれでも暴言を言い、暴力をふるうのはどういうことなのだろうと思いました。これも認知症であるがゆえなのでしょうか。ということは、何をほどこしても母は死ぬまで暴言を吐き、暴力をふるいつづけるのでしょうか。

わたしはとてもつらい気持ちになりました。

母の暴力や暴言は、家族以外に特にきびしかったように思います。

訪問医とわたしのスケジュールが合わず、夫が対応した時などは、夫が母の手を握りつづけていても、「しーちゃん、しーちゃん」とわたしの名前を叫びつづけました。その日は朝から機嫌がよかったにもかかわらずです。

その後、家族の都合がどうしても合わず、介護を親戚に頼んだ際も、母はずっと暴言を吐いていたということでした。

わたしたちは、母がホームや施設でよほどつらい思いをしていたに違いないと話し合いました。ほんとうかどうかはわかりませんが、こう考えることで、少し自分たちの肩の荷が下りたような気がしました。

こうして在宅介護も最初の一週間がすぎました。

わが家に来た時はとても興奮していて、家族以外には不満、不信、不安を抱いている様子が明らかでしたが、日一日と落ち着いてきているようでした。

食事やテレビを観ている時などは、ずいぶん穏やかな顔になりました。

だましだましですが、薬も飲むようになりました。

とはいえ、情緒の不安定さは明らかでしたし、時折爆発的に起こる暴力や暴言は減るきざしもありません。

またある時、入浴の時に母が卵大の大便をもらしたことがありました。入浴介助の職員のみなさんが即時に処置しましたが、母はまるで他人事のように「くさい、くさい」と言い続けていました。

少しずつですが、物事の因果関係が理解できなくなりつつあるようでした。先行きの不透明さに、わたしの不安はつのる一方でした。

――独語と暴言・暴力にひへいする介護

三月一三日は母の八五歳の誕生日でした。

ところが母は朝から不機嫌です。誕生祝いの言葉にも耳を貸しません。どうやら前夜に添い寝をしなかったことで、怒り心頭に発していたようでした。

この頃になると、母の独語は昼夜を問わず発せられるようになりました。同じ部屋で床をとるわたしは寝るに寝られません。そこで自室で休む日がつづいたのです。母の寂しがり屋には困ったものです。しかし、睡眠をとれなければわたしが身体をこわしてしまいます。

ホームにいた時より身体の状態は上向いているようでした。やはり口から食事をとりだしたのが効いたのだと思います。

この頃になると、母は朝、自分から食事を要求するようになりました。五分粥をメニューに加えると、おいしそうに食べます。

また機嫌がよい時は、食べものをこぼすなどの粗相を指摘すると「ごめんね」と謝ってくれるほど状態がよくなります。動きが鈍くなってきた右足を訪問看護師にマッサージしてもらい、自力で動かせるようになると、「あ、動いてる！」と声を上げて喜ぶようなこともあります。わたしが出かける時は「どこへ行くの？」と尋ね、帰ってくると「おかえり」と声をかけてくれます。ひ孫（わたしの孫）が遊びに来た時などはよほどうれしかったらしく、朝まで一緒にいたいとせがんだくらいでした。

そんな時は、介護する身としては、ほんとうにうれしいものです。

しかし気分はころころと変わります。

夜の独語も相変わらずで、わたしが別室へ移ると機嫌が悪くなるのも相変わらずです。

母が添い寝を求めるのは、昔からの寂しがり屋の性質が出ているのだとわたしは考えていました。そこで、夜間も部屋にあるテレビをつけっぱなしにしておけばよいかもしれないと思いました。

ところが翌朝はひどくおかんむりで、まるで効果がないことがわかりました。夜は人がそばにいないといけないようでした。

次の一手は正攻法でした。面倒くさがらずに、母にひとりで寝てほしいと伝え、理由もはっきりと述べるのです。

「反抗には理由がある」から導き出した発想でした。

認知症を患っても判断する力は残っているはずです。また使える機能を使うことが大切だと訪問看護師に教えてもらったのにも、うなずくところがあったからでした。

わたしはひとり寝について言い聞かせ、寂しくないようにテレビをつけておくことも伝えました。すると翌朝は、わりに穏やかな顔をしていました。

ところが朝食が終わると、とたんに居眠りを始めました。

「今寝ると、夜に眠れなくなるよ」

とわたしが言うと、

「昨夜はひとりだったから眠れなかったの」

と母は答えました。

理屈ではわかっても、感情は思い通りにはなりません。わたしは母にかわいそうなことをしたと思いました。でも添い寝を続けてしまうと、独語と乱暴で、わたしが眠れなくなります。共倒れを防ぐためには母にも寂しさに耐えてもらおうと、心を鬼にしました。

ところが三月も半ばをすぎ、暖かな日が増えるようになると、陽気に歩調を合わせるかのように、母は情緒不安定な日が多くなっていきました。

ある日、わたしの疲れが溜まっていたので、母に話して自室で休みました。すると翌朝からたいへん不機嫌になり、朝食と昼食を吐き出してしまいました。夕食は好物の巻きずしをつぶして提供することで事なきを得、「今夜は一緒に寝るからね」と言うと、とても安心した様子でした。

しかし独語があまりにひどいので「おばあちゃん、眠れないから上（自分の部屋）に行くよ」と言って部屋を出ると、翌朝は「うそつき、うそつき」の一辺倒です。

ご飯を準備しても「いらん、食べへん」。

母のお気に入りであるわたしの夫（「お兄ちゃん」と呼んでいます）が「おばちゃん、ご飯食べましょう」と声をかけても拒否します。

暖かい日だったので喉が渇いたのか夕方には水を求め、その後ご飯を食べましたが、母が二日続けて食べものを拒否したのは、わたしにはショックな出来事でした。口から食べられなくなったら、再び経管栄養法に戻ってしまうからです。

一九日の午後、わたしたちは、訪問看護師から現状を改善する二つの策を提案されました。

一つは夜間の睡眠に問題があるので、従来から服用していた睡眠薬ベンザリン[6]を、五ミリグラムから元々服用していた量の一〇ミリグラムに戻す。

もう一つは名古屋市内に三か所ある定期巡回・随時対応型訪問介護看護に介護を依頼する。こちらは二四時間対応でヘルパーを派遣できるので、おむつ交換の回数が増やせるというのです。快適な状態を長く続けることで情緒不安定を解消しようという狙いでした。

その日の夜からさっそくベンザリンの量を二倍にしました。

その結果、母はいつもなら夜七～九時頃に頻繁となる独語や不穏な動きもなく、一〇時過ぎには寝入りました。一一時頃に多少の独語がありましたが、朝まで熟睡することができました。家族も久しぶりに静かな夜を過ごしました。

次の日も母はよく眠ってくれましたが、だんだんと不機嫌になってゆくのが傍から見てもわかりました。三日目も睡眠薬を服用し、一五時間眠り続けたのですが、翌日の昼過ぎに目を覚ますときわめて不機嫌な面持ちでした。

「ご飯を食べますか？」

と声をかけても、

「いらん、いらん」

と拒否します。水もいらないというのです。

薬を増やした副作用に違いないと思いました。

そこで睡眠薬リスミー錠[7]一ミリグラムに薬を変更しました。


しかし本当は薬の服用を止めさせたかったのです。

認知症は薬では治らないという話をいろいろな人から聞いていましたし、所期の目標である「口から食べものを食べさせる」は達成したのですから。

でも薬に関することを判断するのは素人では無理で、医師の指示がないとおいそれと止めることはできません。

そして何より、この時のわたしは母の介護に限界を感じていました。

少しでも安らかに過ごしてほしいと訪問看護師やデイサービスのスタッフに連絡をとり、訪問医に相談をし、仕事や睡眠時間を削ったはいいものの、母に怒鳴られ、罵倒される毎日。

「あほ、ぼけ、うそつき、どろぼう、あっちいけ、おばあ、おまえはあかん、ぶた、いらん、青二才、帰れ、お兄ちゃん呼んで、こっち来い、おまえの負けや、そんなこと言うてへん、臭い、知らん」

こんな独語で眠れない朝を迎えても「わたしは母が少しでも安らかに過ごしてほしいと願っているのだ」と無理やり自分に言い聞かせていました。それでも十数年も親の介護をしている人の噂を聞いたりすると、すぐに限界を感じるなんてあまりにも薄情なのではないかと自分を責め、ついにはわたし自身が胃痛や吐き気などの体調不良に襲われる始末です——。

ある日、わたしが母を在宅介護していると知った知り合いの女性が、こんな言葉をわたしに投げかけてきました。

「自分の親の世話ができるなんて、こんなにしあわせなことはないでしょう」

もちろんその方は善意でわたしに話したのです。励ましの気持ちもあったのでしょう。でもわたしには、悪意に満ちた言葉にしか聞こえませんでした。

「自分で親のおむつ交換をしたことがあるのか。認知症の親の介護を一日でもしたら、どんなに好きでも一晩で嫌いになるよ」

――うすかった親子の縁

そこまで苦しんでも在宅介護をしているのだから、よほど強い親子の絆があるのだろうと、みなさんは思われるでしょう。

ところがわたしには、母とのよい思い出がほとんどないのです。

前に述べたように、わたしの実家は京都嵐山の上流、保津川下りのある亀岡市です。祖父母の家の裏に建つ六畳一間のあばら家でした。

父は大酒飲みで、若い頃から入退院を繰り返し、わたしが小学六年生の時に亡くなりました。母はわたしと三つ下の妹を食べさせるために、食堂の皿洗いや銭湯の下働きなど一日中働いていました。

本当に貧乏でした。

一個五円のコロッケを買って妹と二人で分けたり、そのコロッケを買うお金もなくて働きに出かける母の背を追いかけたりしました。母はそんな時、けっして振り向きませんでした。わたしは一〇メートルほど後を追うのですが、子ども心に「ああ、母もお金を持っていないのだ」と悟って足を止めるのです。

幼い時分の母といえば、この後姿しか記憶にありません。

切なかったのは夏の地蔵祭の記憶です。

学校の友だちは小遣いをもらって大はしゃぎです。わたしも一緒に遊びの輪に入りますが、露天で買物をするだんになると「家にご飯があるから」と嘘をついて一人で友だちの輪を離れました。ところが友だちの一人がついてくるのです。祭りで浮かれていたのでしょう。でも父は入院、母は仕事、家にはお金も食べものもありません。だからといって友だちを追い返すわけにもいかず、わたしは家にあった唯一の食べもの——お茶漬けと白菜の漬物——を友だちと妹と三人で食べました。あの時の友だちの困惑した表情は六〇年経った今でも忘れることができません。

小学校の高学年になると、わたしも働き始めました。母がやっていたヤクルトの配達の手伝いです。配達先に担任の先生の家があり、とてもほめてくれるのですが、うれしいやら恥ずかしいやらで困ったおぼえがあります。

わたしは一九五〇（昭和二五）年生まれです。わたしが生まれた頃に四割だった高校進学率は、わたしが中学を卒業した一九六五（昭和四〇）年には七割にまで上がっていました。「受験地獄」とか「灰色の青春」などと呼ばれ、身を立てる手段として学歴がクローズアップされた時代でした。

わたしも高校へ行きたいと思いました。

ところが家にはお金がありません。わたしが中学生の時に母は再婚したのですが、その再婚相手である義父も女に学問はいらないという意見でした。わたしは親に相談せず、独断で高校を受験して合格。働きながら高校へ通いました。

学校から帰ると夕方六時から九時まで書店で働き、その後は夜中の一二時まで母が働いていた銭湯の風呂焚きを手伝いました。夜じゅう働いていたので、授業は一限目から六限目までずっと寝ていました。

不憫に思った先生が奨学金の世話をしてくれましたが、ひと月五〇〇〇円ほどのアルバイト代はすべて食費と授業料に消えました。

「働きながら学ぶ、けなげな勤労学生がいる」ということで亀岡市の市長から表彰を受けました。しかし貧乏な上に忙しい生活に疲れたのでしょう。妹とは喧嘩ばかりしていました。「ふたりきりの姉妹なのになんで喧嘩するの！」と近所の人に叱られたのをおぼえています。

親に遊びに連れて行ってもらった記憶もありません。

お年玉をもらった記憶もありません。

勉強しなさいとか宿題をやりなさいと言われたこともありません。

高校卒業後に就職した会社で職場結婚を決めた時も事後報告です。相手についても何も言われませんでした。

妹と写っている写真は二、三枚ありますが、家族写真は一枚もありません。

世間には折々、家族や親との絆を再確認する行事がたくさんあります。

しかしわたしはそんな機会が訪れるたびに、「母はわたしのことなど気にしていないのだな」と思ったものです。


認知症になり、屈託なくご飯を平らげたり、へそを曲げてご飯に口をつけない母に、「おばあちゃん（母）はわたしの世話なんか全然しなかったのに、なんであたしがご飯を食べさせてあげなきゃいけないの」

と冗談を言ったことが何度かありますが、実は冗談なのか本音なのか自分でもわかりません。

母に対して申し訳ないと思うのは、わたしが中学一年生か二年生の時に母が再婚することになった際、強く反対したことです。それ以前は生活していくのに精一杯で親子の絆を深める余裕などなく、それ以後は気まずくなって気軽に会話を交わす関係ではなくなってしまったのです。

誰が悪いというのではありません。

わたしと母とは、そういう運命の親子だったのでしょう。

──それでも介護する理由

それでもなぜ、わたしは母の介護をしているのでしょうか。

一番大きな理由は、義父が亡くなる前に残した言葉です。


「しーちゃん、わしのことはええから、お母だけは看てやってくれ」


この言葉がずっとわたしのこころに残っていたので、鼻からチューブを挿入され、半身不随で、まるで赤ん坊のように夜昼なく怒鳴ったり独語を発したりする母の姿を見た瞬間、もう連れて帰ること以外考えられなくなったのでした。

土地柄もあるでしょう。

わたしや母が生まれ育った京都は世間体をたいへん気にする地域です。

今夜の晩ご飯にも困る状態なのに、そういうしぐさは育ちが悪く見られるとか、ああいう下品な人たちとは付き合ってはいけないとか、長子は家を守らなければならないとか、「他人様の目」をたいへん気にするのです。

また、特別養護老人ホームで母の鼻にチューブを入れられた時、まだ子育てという忙しい時期を脱していなかった妹たちに比べ、わたしは子育てが一段落し、娘の出産も終わって、手のかかる家族がいないという利点もありました。

さらには、家族みんなが介護に理解を示し、積極的に協力してくれたのも大きいでしょう。わたしの夫などは、母のお気に入りになるほどやさしく接してくれるだけでなく、初めて自分の介護で母が食事をとることができた折には感動で涙ぐんでくれたほど、まるで自分の肉親のように親身になってくれました。

本音を言えば、そういう好条件が重ならなければ、わたしは母の面倒をみなかったかもしれません。

――助けを求める

訪問歯科医は、認知症の母が嫌がって顔を叩いたり、暴言を吐いたりしても、「そうか、そうか」と笑ってやりすごしてくれます。さまざまなアイデアによってあっという間に母を口からご飯が食べられるようにしてくれた訪問看護師や、尿とりパッドを使うことで介護者の手間を省くと同時に母に快適さを提供してくれたヘルパーの人など、優秀なスタッフの助けによってなんとか、ひどくなる一方の症状に対応することができました。

　中でも訪問看護師は、認知症の高齢者に効果があるという、スウェーデン生まれの究極の癒し術である「タクティールケア」[8]を施してくれました。

　座位のままで、特に背中を両手で軽く触れるように撫でると、心が穏やかになり、痛みや恐怖心をやわらげるということです。心が落ち着くオキシトンというホルモンの分泌を促す作用が期待できるということでした。

　しかし日に日にひどくなる母の認知症症状を止めることはできません。

　独語の時間が長くなり、ひどい日は明け方の三、四時まで続きます。

　リスミー錠一ミリグラムでは効き目がうすく、なかなか眠らないようになってしまったので、睡眠薬ハルシオン[9]を〇・二五ミリグラム服用させることにしました。効果は絶大で、服用させると約一〇分で眠りに就きました。夜間には起きている様子でした。そうなるとまたバトルが始まるのですが、それでもひとり寝ができるようになったのが収穫でした。

　三月下旬になると、日替わりでいろいろなことが起きるようになりました。

　たとえば、利き手の右腕でわたしの夫の腕をつかみ、指でつねり続けたことがありました。夫の右腕には六か所も皮下出血の痕が残りました。八五歳の半身不随のおばあちゃんとは思えないほどの力です。

またある日の夜は、「胃薬だから」と睡眠薬を飲ませようとすると、「お兄ちゃん（わたしの夫）がわしに『あいつは泥棒や、そうやそうや』と言わはった」と一時間も繰り返します。他の日には、誰彼かまわず「どろぼう、うそつき、あっちいけ」と十数時間も叫び続けました。春休みの時期になり、わたしの幼い孫たち（母にはひ孫に当たる）が久しぶりに訪ねてきても、状況がわかりません。

四月五日の夕刻には、長い間介護を受けていた母の妹が亡くなったとの知らせが届きました。わたしが母にそのことを伝えましたが、母はその訃報も、あまり理解できていない様子でした。一〇年近くに及ぶ施設での生活――老人保健施設（三か所）、グループホーム、養護老人ホーム、特別養護老人ホーム（二か所）を渡り歩く――の結果が、現在の母の姿だと思うと、本当につらい気持ちになります。

しかし、わずか一か月で弱音を吐くようでは、認知症高齢者の真の姿を理解するのは程遠いことです。

ただし、悪いことばかりではありません。

在宅介護を始めてひと月も経たないうちに、母は誤嚥性肺炎の危険がほぼなくなるまでになりました。それどころかたいへんな食欲です。

夕食には初めて白身魚の煮つけを食べさせた時などは「おいしいなあ、おいしいなあ」と喜んでいました。その母の姿は、このままの食欲を維持できれば、いずれ他の症状にも改善が見られるのではないかと、かすかな希望を抱かせてくれました。

また独語の多いのが悩みのタネでしたが、テレビに馬の映像が映し出されると「馬が走っているなあ」とつぶやくなど、小さな変化も見られるようになってきました。ある日などは、わたしが、

「おばあちゃん、庭に雑草が生えたので、早く元気になって草取りしてね」

と話しかけると、

「わかった」

と答えてくれました。

また、夫が、

「呼び方は『おばあちゃん』と『お母さま』のどちらがいいですか」

と尋ねると、

「どっちでもええ」

と答えたので、

「じゃあ『お母さま』にします」

と冗談で返すと、

「恥ずかしいなあ」

とうれしそうに微笑む、などということもありました。

四月に入ると、おむつ交換のヘルパーに、

「ありがとう、お願いします。おおきに」

と感謝の言葉をかけるというううれしい出来事もありました。

さらに後日、

「今日はおばあちゃんの妹の葬儀があったが、体重八〇キログラムもあったので棺が特注だったらしい」

と伝えると、母は
「ははあ、はあ」

と大きな声で笑いました。

現実は理解していないようでしたが、この頃からテレビの「笑点」を見ながら笑うようなこともあり、感情や思考が消失したわけではないことがわかってきました。身体のどこかにスイッチがあり、オン、オフが切り替わるような感じです。施設時代の終わりの頃のような最悪の状態は脱したのではないかと思えることもありました。

ただし、そんな希望的観測はすぐに打ち壊されてしまいます。

体力的にも精神的にもきつく、こんなことがどれくらい続くのだろうとうんざりした気持ちになることもしばしばでした。

せめて認知症の症状でも緩和してくれないだろうかと思っていた矢先、読書好きでふだんから書店に足繁く通っている夫が、二冊の本を買ってきました。

大きく、分厚い本です。

介護に理解があり、いろいろと配慮してくれる夫には日頃から感謝していましたが、この時ばかりは「毎日の介護でふらふらになっているのに、こんな分厚い本を読めとはどういうことですか」と内心腹を立てました。

ところが本に目を通して驚きました。

「認知症が治らないのは、医者の責任だ」

と書いてあるのです。

中には、どうすれば認知症患者と介護者が救われるかということが詳細に述べられていました。大きなイラスト付きで、文章もわかりやすく、わたしはあっという間に読んでしまいました。一冊は『完全図解　新しい認知症ケア　医療編』（河野和彦著）[10]、もう一冊は『完全図解　新しい認知症ケア　介護編』（三好春樹著）[11]です。

「この方法で母も治るかもしれない」

わたしは目の前がぱっと開けたような思いがしました。

翌日、さっそく著者が名古屋に開設しているKクリニックに電話をしました。

――新しい認知症ケアと出合う

電話口のKクリニックの女性職員は、とてもていねいでした。ただし診察の予約は翌月末までいっぱいということです。日本全国の認知症の家族を抱える人たちからの診察の依頼が殺到しているようでした。

わたしはとりあえず、本人の受診ではなく家族相談の予約をしました。

しかし二か月も待っていては、母よりわたしのほうが参ってしまいます。そこでよく調べてみると、先生はご自分の認知症治療「Kメソッド」[12]の実践と普及に努め、そのこころざしに賛同した医師が数多くいることがわかりました。

そこで賛同する医師のリストの中から、自宅近くのMクリニックに連絡をとり、訪問診療をお願いしました。

Mクリニックの T医師は、母を診察すると「レビー小体型認知症とピック病の複合型」の可能性が高いと指摘しました。

この「レビー・ピック複合」は二〇一二(平成二四)年九月二日、河野和彦医師が「認知症ブログ」において世間に初めて発表した疾患概念だということです。ただし、レビー小体型認知症と前頭側頭葉変性症の病理に接点はないという理由で、学会では認められていないということでした。

「薬を飲ませても苦いと言って吐き出してしまうので、今は口を押さえて無理やり飲ませています。本当は薬を止めさせたいのです」

とわたしが相談すると、T医師は、

「止めてかまわない」

とおっしゃいます。わたしは驚きました。

その時、認知症治療のために服用していたのは、アリセプト[13]です。服用していた量は最大の二錠（一〇ミリグラム）でした。

しかしT医師は、二錠も飲ませてはいけないと言います。一ミリグラムか三ミリグラムか五ミリグラムかは、「医師の了解と指示の元で家族が決めるべき」だと言うのです。

家族は患者の病歴や現在の状態を主治医より知っています。よって副作用を出さず、薬の効果を最大限に生かすには、ふだんから患者のそばにいる介護者（家族）の判断が一番的確だという考え方です[14]。

そう言えば母は、脳出血で倒れた七五歳まで、病院の入院歴は盲腸の手術と肋骨を骨折した時の二度だけです。至って頑健で風邪もめったにひかず、薬などほとんど飲んだことがありませんでした。その母が突然大量の薬を飲めば、身体が大きな変化に見舞われることは素人でもわかります。

さらに母は脳出血で倒れたことがあるため、高血圧治療薬を飲んでいました。

しかし元々、母は低血圧なのです。

ところが、どの病院の医師にも、脳出血の病歴のことを話すと「高血圧治療薬を止めるなど自殺行為だ」と判で押したように言われます。

T医師はその薬も中止してかまわないと言いました。

代わりにKメソッドが推奨する「健康補助食品F」[15]を処方してくれました。

アルツハイマー病の進行を抑える効果が確認されているという米ぬかなどのフェルラ酸含有食品と、強壮や消化促進に効果のあるガーデンアンゼリカの成分によって作られており、Kメソッドでは、アリセプトなどの認知症中核症状治療薬と併用し、徐々に置き換えるという用い方をするということでした。

また「健康補助食品F」の他に、抑肝散[16]という漢方薬を処方されました。高齢者施設でもさまざまな医薬品を処方されましたが、健康補助食品や漢方薬はあまりなかったので、効果に期待が高まりました。

認知症専門のT医師に来ていただくことになったため、在宅介護を始めた当初からお世話になっていた高度医療専門の訪問医には断りの連絡を入れました。

母の暴言と暴力を笑ってやり過ごし、経管栄養法から口で食べられるまでを懇切丁寧に指導していただいたことは、感謝しても感謝しきれません。同時に新しい医師と新しいメソッドによって母の症状がどのくらい改善するのか、期待と不安とが入り混じります。

また薬を届けてくれる薬剤師も、T医師と連携している薬剤師に変えました。

新しい薬剤師はただ薬を届けてくれるだけでなく、T医師が往診できない週にはバイタルチェックなどを行い、薬の効能が正しく発揮されているか、母に変調の兆しはないかなどを確認してくれるということでした。

翌日の午後から独語が始まったので、さっそく抑肝散を試しました。抑肝散は苦い味がします。母は苦い味が苦手なので、薬を湯に溶かし、母の好物であるトマトジュースに混ぜてみました。

飲ませることには成功しましたが、効果は二〇分ほどしか続きませんでした。また翌日は早朝からしゃべり続けです。調子がとても悪く、朝食後も一〇時頃まで独語ばかりしていました。漢方なのですぐに効果は期待できないようです。長く続けることにしました。また独語がひどくなっているのは、薬全般が原因だろうと思われました。新しいメソッドの効果が早く現れてほしいものだと祈る思いでした。

この頃、訪問歯科医によって、母の入れ歯が完成しました。上下とも製作してくれました。入れ歯を挿入すると、母の顔の表情が穏やかになったように見えました。それだけでも介護する側のストレスが減ります。その上、母の言葉がはっきりと聞き取れるようになりました。

これは介護する側にもされる側にもメリットとなりました。聞き取れない、伝わらないというもどかしさがなくなるのですから。

しかし、訪問歯科医が来ることになると、多い時で一日四件もの介護スタッフがやってくることになります。朝から晩までひっきりなしです。介護するわたしたちはすっかり疲れてしまいましたが、それでも母のためになるならと我慢に我慢を重ねました。

ところが、そんな事情も知らず、母はしばらくすると上の入れ歯をはずして、放り投げ、昼食は下の入れ歯だけで食べました。

抑肝散を服用して二日目の朝も効果はありませんでした。

訪問看護師のマッサージを受けているさなか、あろうことか看護師の髪をつかんでつばを吐きかけたのです。

しかしマッサージを終え、いつものようにポータブルトイレに座らせて、母の背中を触ってあげていると、二〇分ほど座位を保つことができました。

その後も、比較的穏やかで、夜は薬を服用していないのに、テレビを見ながらすうっと寝入ってしまいました。

抑肝散が効いたのか、タクティールケアが奏効したのか、それとも別の要因があるのかわかりません。

でもこれは間違いなく、うれしい兆候でした。

しかしそう考えたのもつかの間、翌日は昼間から独語が八時間も続きました。夜に一端落ち着きましたが、深夜に再開。却って症状が悪化したのではないかと思えるほどでした。

その翌日も、朝に顔を見に行った時、すでに独語を始めていました。さらに眠っている間に身体を引っ掻くために身に着けさせていた手袋に血が付いています。また訪問看護師がやってくると、興奮して手がつけられない状態になります。漢方薬では効果がうすいのだろうかと半ばあきらめ気味になりました。

ところが、マッサージ後にポータブルトイレへ座った母の姿勢が以前と異なることに、訪問看護師が気づきました。

両肩が水平になっているのです。母は左半身不随のため、どうしても左側に傾きます。車椅子でも座位でも同じだったのですから、これは大変な進歩です。マッサージのたびにポータブルトイレへ座らせることで腹筋に身体を支える力が戻ってきたのだろうということでした（写真3）。

訪問看護師は、

「次の目標は車椅子に乗ることですね」

と言います。最初に掲げた目標のふたつ目です。

（写真3）
ポータブルトイレに座ると左半身不随の母の身体は傾いてしまいます。しかしこれも腹筋の力を付けることで少しずつ改善していきました。右は筆者。

母の身体は悪化する一方ではなかったのです。

夜になると母は昼間とは打って変わって穏やかでした。

しかし翌日の夜はまたたいへんな騒ぎです。

「ほっとけ、ほっとけ、あいつは負けた。あゆみやあゆみや、警察が来た、お兄ちゃんが来た。おばが来た、やらへんど」

興奮して同じ言葉を繰り返します。

ちょうどこの日はわたしの孫（母のひ孫）が遊びに来ており、母の独語と孫の夜泣きで、伊藤家は一晩中大賑わいとなってしまいました。


母の状態が安定しないので、抑肝散を一包から二包に増やしました。

するとその日から効果が現れたようでした。

おむつ交換に多少嫌がるものの大騒ぎはしません。

食事の後には「ありがとう、ごちそうさま」と言います。

テレビに猫が映ると「ねこや、ねこや」とはしゃぎ、今日が訪問入浴の日だと伝えると「ほんまか、こんなところまで来てもらえるの」と言います。

これを変化と言わずに何を変化と言うのでしょう。

わたしは「やった、効いた」と小躍りしました。

ところが昼寝をしていたさなかに訪問入浴車がやってきたので、それで機嫌を損ねてしまいました。

「せっかく効果が出たと思ったのに違うのか」

わたしはがっかりしました。母のことだけでなく、介護スタッフがひっきりなしにやってくるため、気疲れをしていたのもありました。

ところがその日の夜、母は夕食後に静かに眠りにつきました。

「いや、やっぱり効果が出てきたに違いない」

こんなふうに母の状態に一喜一憂する毎日でした。

わたしのほうは精神的にも肉体的にもふらふらですが、穏やかな顔で眠っている母を見ると、やっぱり勇気が湧いてきます。

その日、母は夜中に起きて騒ぐことがありませんでした。

やっぱり新しいメソッドの効果が現れ始めたのです。

翌日、二か月ぶりに妹夫婦が京都から母の様子を見に来ました。

ところが母は妹のことが認識できていない様子で、盛んに「あっちへいけ、あっちへいけ」と言います。

わたしは残念に思いました。母の症状が少しでもよい方向へ向かっていることを妹にも見てほしかったからです。肩を落としていると、妹は逆に驚いている様子でした。なんと、「あっちへいけ」などと言う内容はきついけれど、以前の、興奮して手がつけられない様子とは全く違うと力説するのです。毎日接しているわたしには、その小さな変化がわからなかったのでした。

「このメソッドは正しい」

わたしはこの時、初めて確信しました。


それからも母は「三歩進んで二歩下がる」毎日でしたが、確実に回復へ向かっていると実感できることが多くなりました。

ぐっすり眠っているかと思えば、独語を始める。今夜も眠れないのかと思っていると大人しくしている。

おむつ交換時に初めて一切暴言を吐かず、嫌がらないだけでなく、「大丈夫、大丈夫」と自分に言い聞かせています。介助が終わって母がわたしに「ありがとう、ありがとう。これでええのか」と声をかけてきた時には、感動で声になりませんでした。

そうかと思えば、せっかく作った入れ歯を舌で外してしまったりします。

そんな状態が二週間ほど続きました。

日ごとに落ち着く時間が長くなっていた母でしたが、また独語を続ける時間が長くなってきました。

抑肝散の作用にも何らかの限界があるのかもしれません。あるいは、変化する母の身体に抑肝散が合わなくなっている可能性もあります。

そこで試しに抑肝散の服用を三日間休み、穏やかな態度が変わらなければ、抑肝散を中止して、健康補助食品Fと、F同様にフェルラ酸を多く含む玄米等を中心にした食餌《しょくじ》療法に頼ろうと考えました。

とりあえず、母の独語が始まった頃合いを見計らって、健康補助食品Fをヨーグルトに混ぜて飲ませてみました。変化は見られません。その後、興奮気味になってきたので抑肝散を飲ませました。するととても落ち着きました。

夕食後、いつもなら独語が始まる時間に抑肝散を一包与えると、その日は独語もなく安らかな顔をしていました。

薬剤師は抑肝散を朝夕二度飲ませるように指示したのですが、飲ませるタイミングを考えれば、より高い効果が得られるようでした。その日の独語の頻度、興奮度、顔つきと目つきなどによって、薬の用法と用量を変えてみる必要がありそうです。朝夕の食後の服用を半包にするなど、いろいろ試しました。

薬剤師に相談すると、漢方の効能について再度説明があり、まれに体質に合わない場合があるとのことでした。そこで用量を隔日一包にして様子を見ることで決着しました。

Kメソッドでの認知症の治療と同時に、日々の介護によっても母は変わっていきました。

一番驚いたのは入浴時の発見です。在宅介護を始めた二か月前はコーヒーのような色をしていた臀部《でんぶ》がきれいな肌色に変わっていたのです。適切な温度のタオルで丁寧に拭いていた成果が出たのです。

一方、臀部の皮膚が黒く沈んでいたのは、やはり施設やホームでのおむつ交換時にひどく熱いタオルを使われていたのではないか。そんな疑念が頭をもたげてきました。だから母は、在宅介護に移っても、しばらくはおむつ交換をひどく嫌がり、ヘルパーに暴言や暴力を働いたのだ。そう考えると辻褄が合います。

それにしても、母のような八〇代後半の高齢者でも肌の色を変えることができるほどの再生力が秘められているなんて。

わたしは驚きと同時に、とても感動しました。

また、訪問看護師の尽力で、座位の姿勢をきれいに保つことができるようになったことは述べましたが、それを踏まえて、今度は座った姿勢で右手を使い食事ができるようにすることを目標にしましょうという提案を訪問看護師から受けました。

こういう前向きな提案は介護者を元気にしてくれます。

わたしたちも、訪問看護師がマッサージを終えた後、母をポータブルトイレに座らせたタイミングで、バケツに湯を張って足湯を使ってみたらどうかと提案しました。さっそく適当な大きさのバケツを購入し、足を湯に浸けながら石鹸でやさしく拭ってあげました。案の定、母は穏やかな表情になりました。

また、おむつ交換をする際、母は必ず右手でヘルパーの邪魔をしようとします。そこでわたしが母の右手の手首とひじを持ち、交換する一五分の間はずっと押さえつけていなければなりませんでした。

朝の交換時は、わたしが朝食の準備をするので、母の右手を押さえるのは夫の役目です。でも、いつまで経ってもおむつ交換を二人がかりで行うのは不合理です。在宅介護によい影響があるとは思えません。また、介護保険の被保険者は本当に必要なサービスだけを選んで利用することが大切です。何でもヘルパー任せではなく、家族ができることは家族がやるべきなのです。

そこで、機会があるごとにヘルパーの作業手順をおぼえ、自分でも試してみるようにしました。要領がつかめないうちは四苦八苦しましたが、作業なので少しずつ慣れていきました。

また、そうなると問題になるのは、邪魔をしようとする母の右手です。

そこでおむつ交換時は母の右手を自転車用のチューブで柵に縛りつけてみました。ほんとうは身体拘束をしてはいけないのですが、現状では仕方がありません。ただしもっとよい方法を模索してみることにしました。

さらに、母の左手親指が拘縮《こうしゅく》を始めたので、対策として、福祉用品を展示している福祉プラザで、ビーズスティック[17]という用具を見つけて試したり、身体を引っ掻く癖があるので、日焼け防止用の腕カバーなどを購入して試したりしました。結局、僧侶が袈裟の下に付ける「腕《うで》貫《ぬき》」[18]の効果が一番高く、二つをこわれるまで使い、三つ目の使用中に、母の癖は解消されました。

プロのみなさんのノウハウに全面的に頼ることができれば、これほど楽なことはありませんし、「介護のためにお金を払っている自分たちがなぜ考えなければならないのか、これはプロのみなさんの仕事ではないか」と腹立たしく思うこともあります。しかし自分たちも一緒になって考え、提案してみることで、ほんの少しですが介護も楽しくなるものです。

さて、この頃になってようやくわたしは、

「認知症は悪化する一方だと言われているが、それは違うのではないか」

と実感するようになってきました。

それはまさに、夫から手渡された『完全図解　新しい認知症ケア　医療編』に書いてあったことです。

相変わらず介護はつらいものでしたが、希望が見えてきたように感じました。

ある日、悪天候でいつもより帰りが遅くなった夫に母は、

「おそいから心配しとったんや、よかった」

と言い、咳き込んでいる声を聞くと、

「大丈夫か、気いつけなあかんで」

と気遣いを見せてくれました。

また遅くにわたしが「お風呂に入ってくるよ」と母に話しかけると、母は、

「一緒に入ろう」

と言います。お母さんのお風呂の日は明日だよと言うのですが、「一緒に入ろう」と何度も繰り返すのです。

母は、認知症によって一度奪われかけた、ひととして大切なものを、Ｋメソッドによって取

り返したようでした。

――介護行政への不満

一方、介護も三か月を過ぎると、介護するわたしたちのストレスがピークを迎えつつありました。

特に介護スタッフとの対人関係です。

何もない日常であれば、笑ってやりすごせるようなことが、とても気になるのです。また訪問看護師に実費を払ってでも一日多く来ていただきたいとか、母を理学療法士に診せたいという欲が出てきたのですが、それを実現するには、他のこと――たとえば簡単なバイタルチェックは素人でも可能なので訪問薬剤師に来ていただかなくてもよいのではないか――に費やす介護給付費の単位を、そちらに回すことができれば可能です。こんなふうにサービスを整理すれば、介護スタッフの確保に頭を悩ませることも減り、結果として医療費も減らせるのに、介護行政は何を考えているのだろうといった疑問や不満が頭をもたげるのです。

こうした悩みの相談相手は第一にケアマネジャーです。

わたしは電話で次のことをケアマネジャーに話しました。

1．ヘルパーについて

サービスの実施時間は〇・五時間（三〇分）になっている。しかしながら、おむつ交換のみなので実際は一五分で済むし、ヘルパーも早々に帰ってしまう。しかしサービス時間の単位は〇・五時間刻みである。〇・二五時間（つまり一五分）の時間設定があってもいいのではないかと感じている。また、時々トイレを使用されるので、複雑な気持ちでいる。

2．訪問薬剤師について

ケアマネジャーによると、薬を訪問医に持参してもらえば、訪問薬剤師は必要ないのではないかということ。

3．薬について

母は肌が乾燥しているからか右手で掻いていることがよくあるので、訪問看護師に尋ねると、「保湿効果のあるヒルロイドローションがいいです」とのこと。その他「かゆみを止めるにはアンテベート。傷がある場合は化膿止めにゲンタシン軟膏。口内炎を見つけた時にはデスパロ腟用クリーム、風邪の症状が見受けられる時には、漢方薬の葛根湯。興奮して目やにがよく溜まっている時は、このままで大丈夫です」との回答を得た。

しかし目やにが気になるので、プレドニン眼軟膏を薄く塗った。

問題は、これらの薬がすべて自身の常備薬を使用している点。つまり当初は介護者の持ち出しだということだ。

4．訪問看護師について

体を動かすことも大事なのではないかと考え、実費で週二回から三回に増やしていただいている。しかし、理学療法士によるリハビリのほうがより効果が期待できるのではないかとのへルパーのアドバイスにより、次回から理学療法士によるリハビリをお願いすることにした。あと一回は鍼灸マッサージ師に施術していただくことにした。

訪問看護ステーションから前日に電話連絡があったが六度ほど連絡がなかった。連絡を待っているのはとてもストレスになるのですが、事務員にはわからないことなのかもしれません。

5．訪問歯科医について

毎週来て下さる。福祉給付証を見せると医療費に自己負担はありませんとのこと。三月二九日から毎週金曜日に来ていただいてすでに一二回の訪問になる。一日に三回の訪問（看護師・歯科医・訪問医）があると、介護者が疲れてしまいますので、次回から月二回にお願いしますと要望した。

入れ歯の調整で訪問されるが、上の入れ歯を入れるのは週二、三回で（毎回三〇分程度）、下の入れ歯はすぐに舌で外してしまう。

ケアマネジャーから「そのような状況なのに、歯医者さんの訪問は何時まで続くのでしょうか。それって必要なのですか」と尋ねられましたが、在宅介護の家族が答える内容なのかもわかりません。

2．については、薬剤師の訪問にもお金が国から下りるので、ご家族からお断りしていただくのがよいと思いますとの回答でした。

在宅介護を始め、介護の当事者となってみると、やはり介護支援の事業者は収益を再優先しているのだなという感想を持ちました。

現状では介護保険が破たんするおそれがあるので、政府は対策として在宅介護を勧めているようです。しかし、高齢者の極端に低い医療費自己負担率や、サービスを限度額いっぱいまで利用しようとする介護保険被保険者と、使わせようとする介護業者の傾向を考慮していないなど、現状を知らない官僚が頭の中で考えた施策では的確な手は打てないのではないかと危惧します。

ここまで述べたように、介護スタッフ一人ひとりにはたいへん感謝しています。しかし、一日に七、八人が代わる代わる出入りし、そのたびに同席しなければならないのは、それだけでもたいへんなストレスです。

実はわたしも、この頃には「訪問介護はもうたくさんです」という気持ちでした。『新しい認知症ケア』が述べているように、介護者が健全でなければ、患者が救われることはありません。わたしの在宅介護は次の段階へと来ているようでした。

——母をベッドから外の世界へ

五月も半ばをすぎ、真夏日となるような陽気が続くようになってきました。

外出日和ですが、もとより母はポータブルトイレに座るのが精一杯です。

移動が可能か否か以前に気になっていたのが、十数年に及ぶ施設やホームでの生活で、母の身体がS字状に曲がり、両足も「く」の字型に萎縮してしまったことでした。

前述したように、訪問看護師には週二度の訪問日を一日増やしてもらい、マッサージに力を入れてもらいましたが、なかなか効果が上がりません。そんな折、前述のようにヘルパーの一人から理学療法士によるリハビリテーションを受けたらどうだろうかという助言をいただきました。

さっそくケアマネジャーに相談し、母の性格を考えて、理学療法士はベテランの女性がいいと希望を提出しました。

しかしケアマネジャーからなかなか返事が来ませんでした。どうやら居宅を訪問できる理学療法士には希望者が殺到しているようでした。

逆に、ケアマネジャーからはデイサービス[19]の利用を提案されました。

その週の土曜日、さっそくデイサービスを体験することにしました。


ここで問題になったのが、母をどうやって外へ連れ出すかです。

デイサービスの施設は徒歩一分と至近なのですが、母の居室が自宅の三階にあるからです。どうやって下ろすか、そしてどうやって上げるかです。またそのストレスに母が耐えられるかも未知数でした。

当日は、福祉用具事業部からカナヤママシナリー社製の車椅子RAPPO（楽歩）レックZを借りました。

母にデイサービスの説明をしても理解できるかどうかわからず、また理解しても積極的になってくれるかは不明です。

そこでヘルパーに頼み、朝のおむつ交換の後に母を普段着に着替えさせてもらうと、「食事会に行こうね」と声をかけました。

朝九時に送迎のためのヘルパーが三人やってきました。三階からは男性ヘルパーが背中におぶって下ろします。たいへんな作業でした。

施設では心配でしばらく付き添っていましたが、職員に「大丈夫です。任せてください」と言われ、後ろ髪を引かれる思いで帰宅しました。数か月ぶりで空になったベッドを見るのは複雑な心境でした。

母は夕方四時に帰宅しました。

再びヘルパーの手助けで三階まで母を運ぶのですが、下ろす時よりもたいへんです。悪戦苦闘するヘルパーを見て、何か策を講じないと気軽にデイサービスを受けられないと感じました。

デイサービスの施設からはメモと電話でサービス中の母の様子などの報告を受けました。入浴は嫌がったようですが、食事は完食したということ。暴言や暴力で迷惑をかけるかもしれないと内心ひやひやしていただけにほっとしました。

施設側は問題ないと考えたようです。一方母は、デイサービスから帰った後、夜中まで独語が続きました。慣れない環境で疲れただろうと思っていたのですが、逆に久しぶりに社会とふれあいをもち興奮している様子でした。

とはいえ、以前のように目がギラギラ光って暴れるわけではありません。やさしい穏やかな表情をしており、「ありがとう」「お願いします」「助けてや」といった言葉をしきりに使います。

驚いたのはデイサービスの翌日、外出先から帰ってきた夫に、

「お茶出してあげて」

と言ったことです。要介護認定を受けて十数年。母が気遣いの言葉を発したのは初めてでした。これもデイサービスの影響でしょうか。ともあれ、さらに新たなよい変化が生まれることを祈らずにはいられませんでした。


しかし、デイサービスを定期的に受けるには三階からの上げ下ろしの問題を解決しなければなりません。

ケアマネジャーと福祉用具専門相談員は、階段に昇降機を取り付ける検討を始めました。だが築六〇年になる鉄筋四階建ての家は構造が古く、取り付けはむずかしいということでした。

わたしはアウトドア用品専門店に出かけて、背負子《しょいこ》を探しました。用途を説明し、店員に相談すると、ベビーキャリアを紹介されました。また名古屋市が運営する福祉プラザにも出かけてみましたが、適当な用具は見つかりません。

ヘルパーの一人に、シーツに母を包み、その左右を二人の介助者が持って下ろしてはどうかと提案されました。

しかしたいへん危険であることが容易に想像されます。

そんな折に、訪問施術をお願いしている鍼灸マッサージ師から、救急隊員が使っている布担架ならスムーズに下ろせるのではないかと提案されました。

以前、救急の仕事をしていたことがあるというのです。しかしこれも、さまざまな事情から実現には至りませんでした。

しかし調査や試行錯誤の結果、ついに安全で人手のいらない器具を見つけることができました。背負子のような形状で、母をおぶり、比較的安全に下ろすことができます。「背負搬送器具」と呼ばれ、「おんぶ隊[20]」という商品名でネットでも販売していました。

これを使い、長身の訪問看護師に上げ下ろしを頼むことにしました。

――四か月の在宅介護を振り返る

ここで、二〇一三（平成二五）年二月下旬から六月までの四か月の在宅介護について、介護者の視点で気になったこまかな部分に言及したいと思います。

わが家では、四年前に二人の娘が嫁いだので、わたしと夫の二人暮らしとなりました。洗濯は週に二回程度でした。母の在宅看護を始めてからは、この洗濯が毎日の日課になりました。訪問入浴の日は二度、洗濯機を回しています。

また週二回の可燃ごみも二〇リットルの袋で十分でしたが、毎回四五リットルの袋が必要となりました。これを始末するだけでも、それなりの体力が必要となります。

さらに毎日、多数のスタッフが出入りするので家中にほこりが溜まります。不潔な室内ではどんなに介護を一生懸命やったところで、思わぬ感染症を招くことがありますから、掃除機をこまめにかけなければなりません。

ヘルパーは毎日朝夕二回、おむつ交換にやってきます。

おむつと尿とりパッドは試行錯誤を繰り返し、ようやく母の状態に最適な商品に巡り合えました。介護される側にとっては、二四時間身に着けているものなので、この二つがフィットするかどうかで気分が全く違うはずです。また介護される側が快適なら、介護者と不要なトラブルや気持ちのずれを未然に防ぐことができるでしょう。

さて、ヘルパーが来る際のわたしたちの段取りを確認しておきましょう。

まず一〇分前にベッドの操作を「停止型」にしておきます。また体位変換モードを「体位保持」に変更します。ベッドの高さは四〇センチ程度です。

次に尻を拭くためのタオルを二枚用意します。タオルは前述の通り、電子レンジを使って温めておきます。また陰部洗浄用に四〇度のお湯を作り、食器用洗剤のボトルに入れます。

その次は介護される側の準備です。身体を支えるために、いつも母の両脇に置いている、枕やバスタオルなどを取り外しておきます。

おむつ交換時のポイントは以下です。

母の場合、わたしやヘルパーへの暴力は力の強い右手で行うため、その腕を押さえつけます。また体位交換の際には右手と頭を左側に傾けます。

おむつ交換が終わったら、タオルを洗い、ベッドを元の位置に戻します。介護者は、毎日洗剤を使って洗い物をするので、あかぎれや爪の痛みが絶えません。そこでバンドエイドが欠かせないアイテムとなります。

食事にも細かな点に気をつけなければなりません。

在宅介護を始めてから約一か月は、お粥と粉末寒天で固めたエンシュアリキッドを毎日（三食分）用意しました。入れ歯を作る前は、歯ぐきでも噛むことができる、軟らかい煮物や豆腐・焼き魚などを調理します。

また食事の際には、誤嚥性肺炎防止のためベッドを五〇度の角度に立てました。食事が済んでも三〇分はそのままにしておかなければなりません。

次に排泄です。

訪問看護師は、マッサージの後に母をポータブルトイレに座らせます。座位用にトイレを用意しました。

その他にもこまかな配慮が必要となります。

また配慮は介護される側の母に対してだけではありません。

訪問歯科医、訪問医、薬剤師。訪問入浴の際には、自動車を駐車できるよう車庫を開けておく必要があります。

介護はする側の身体に負担をかけます。重いものを運んだり、押したりといった動作が案外多いのです。在宅介護もしばらくすると、手伝ってくれている家族が足や膝の痛み、肩や腰の痛みなどを訴え始めました。

これらのケアも必要です。わたしも夫も六〇代なので今は大事に至っていません。しかし七〇代の大台にのれば老老介護です。

これは切実な問題になるでしょう。

第三章　ともによく生きることを目指して

——母とわたしの介護日誌

六月に入りました。

初夏をすぎ、梅雨を迎えようとする時期です。

母を自宅へ迎え入れたのはまだ底冷えのする二月下旬でした。

当時、母は寝たきりで、鼻からチューブを挿れられ、誰彼かまわず罵詈雑言《ばりぞうごん》を浴びせ、暴力を振るっていました。訪問医も看護師も介護ヘルパーも、家族までもが、母は二度と人間的な生活を送ることはないだろうと感じていました。

それがたった四か月でデイサービスを受けられるまでに回復したのです。

日々の進歩は遅々としたものでしたが、こうやって振り返ると、まるで奇跡でも見ているかのようでした。

しかし医療と違い、介護は「病状が快方に向かったから終わり」ではありません。認知症の症状が軽くなっても、今度は本物の「老い」が母の心身をむしばんでいくことになります。

第三章ではデイサービス、ショートステイと世界を広げながらも、徐々に「老い」が進行していく母の姿と、一進一退を続ける母の認知症に一喜一憂し、思い通りにならない介護や、思った通りに動いてくれない介護施設と悪戦苦闘しながら、それでも前を向こうとするわたしたち介護者の心情とを、日記形式でご覧いただくことにしましょう。

第二章の記述と重なる部分もありますが、出来事を時系列で追うことで、第一、二章よりもさらに介護の日常へ分け入ったミクロな視点から、在宅介護の実情と問題点を理解していただけるのではないかと思います。

二〇一三（平成二五）年

六月――デイサービス利用を開始する

一日（土）

早いもので水無月を迎えた。

デイサービスから帰ってきた母を三階まで搬送するため、二人のヘルパーがやってきた。ひとりのヘルパーが母のわきに手を入れ胸のあたりで両手を結び、もう一人のヘルパーが両足と臀部を持ち上げた。ただし右手が激しく動くので、右手は家族が押さえつけて移動した。途中で二度ほど体勢を確認し、汗だくでベッドにたどり着くことができた。毎回ヘルパーに頼っていては無理だと判断し、訪問看護師に相談してみると「対応できる」という。訪問看護ステーションには災害用の搬送担架が設置されており、扱いにも慣れているということだった。心強い思いがした。さっそくケアマネジャーにサービスの変更をお願いした。ところが「送迎はヘルパーの仕事なので無理です」との答えが返ってきた。状況から考えると最善の策なのに、断られる理由がわからない。再度、訪問看護師に連絡すると、デイサービスの曜日の問題ではないかと言われたので、話し合って曜日を変え、ケアマネジャーに再度打診した。すると、「ご家族の方がよければ変更しましょう」とのことだった。初めから最善策を提案してくれれば、こんなに悩むこともなかったのにと残念に思った。介護サービスの提供者も、利用者の立場で考え、適確なアドバイスや提案をしてほしいと感じた。おむつ交換はこれまで、朝夕ともヘルパーに依頼していたが、今日からは朝のみにし、夜は家族でおむつ交換を行うことにした。

二日（日）

今週は比較的落ち着いていたように思う。おしゃべり（独語）の日もあったが、語いが増えてきているのがうれしい。

家族でおむつ交換を始めて二日目である。日に三度、バッドを変えるようにしている。夫の見守りのおかげで少しだけコツがわかってきた。私の人生に「不可能という文字はない」と自分を奮い立たせ、できないことがあってもあきらめず、解決策を考えるようにしている。それに困ったことがあれば専門家に相談すれば、思いがけない情報を入手できることがわかった。在宅介護でいろいろな人の世話になってきて、あらためてそのことを実感している。わずか三か月で母がここまで回復したのは、そんなみなさんのおかげだ。

今朝の朝刊によると、厚労省の推計では、認知症高齢者は六五歳以上の「予備軍」を含めると四六二万人だという。認知症関係の学会では活発な発表や議論が行われていて、事例の分析も盛んだという。しかし学会所属の先生方が在宅介護の現状を理解されているかについては大いに疑問に思う。

三日（月）

午前中に試乗していた車椅子と新しい機種の交換を行った。いくらかコンパクトになり操作も簡単そうだ。

夕方には訪問看護師が災害用の搬送担架（前述の「おんぶ隊」）で母を背負ってデモンストレーションをする（次頁写真4）。問題がなさそうなので、今週からお願いすることにした。ただし階段には危険な箇所があるので、念のため、母には防災用のヘルメットを着用させることにした。

おむつ交換は午前一一時と午後四時、夜間の八時に行っている。ほとんどの場合、尿とりバッドの交換だけで済ませている。母の抵抗はない。デイサービスでは大人用おむつを必ず使う。パッドの交換だけで済ませるうちとは大違いだ。もし漏れるのだとしたら、施設側のおむつの当て方に問題があるのではないかと思う。

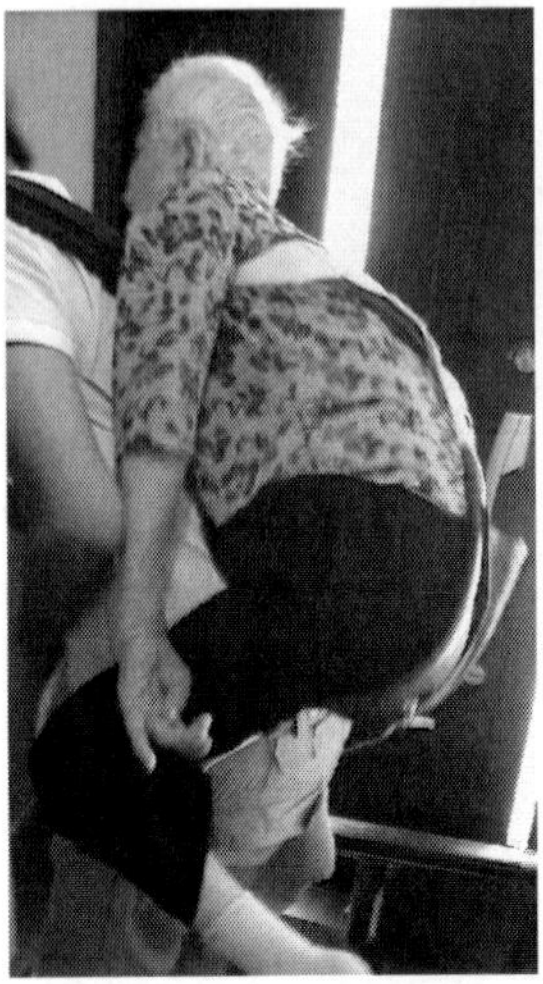

（写真４）「おんぶ隊」によって訪問看護師に背負われた母。後に述べるように、注意しないと紐が足に食い込むことがある。

四日（火）

今日はデイサービスの日。ヘルパーがキャンパスハンモックを持参したので、母をそれに載せて三階から下ろした。落下防止に我が家で用意しておいたベルトを腹部に巻いた。足のほうを男性ヘルパー、頭のほうを女性ヘルパーが持つ。母の右手に手袋をはめ、いつものようにわたしが押さえた。二度の小休止をはさんで無事に下ろせた。

デイサービスの職員が「姑も京都出身なのでよくお話をしてくださいます」と言う。問題行動がないようで安心した。それどころか母はその職員に「同じ関西やなあ、ありがとう」と声をかけたそうだ。感激である。

デイサービスが終わると、自宅前で待機していたヘルパーが朝と同じように三階へ運ぶ。この間わずか五分。作業が終わるとヘルパーたちは「次の仕事がありますので失礼します」と帰った。

サービス提供時間は〇・五時間（三〇分）単位のはずである。介護保険の無駄遣いだと思われる。提供時間を一〇分もしくは一五分単位にしてほしい。

とりあえずヘルパーの作業は今回で終了となるのでひと区切りとなる。

五日（水）

今朝は久しぶりにご機嫌斜めで、おしゃべり（独語）が続いた。

午前中におむつ交換をしたが、尿もれをしていたので紙おむつと尿とりパッドとを交換する。作業中に、尿とりバッドを肛門の中心に合わせると尿もれしないことに気がついた。これさえ実践すれば、素人でもおむつ交換ができる。ベテランヘルパーのMさんはできている。Iさんも手際がよく顔見知りなので母が気に入っている。なぜかHさんがうまくできない。素人が指示していいものか、それとも後でこっそり直すか、悩みどころだ。

八日（土）

久しぶりに、朝から夜までおしゃべり（独語）が続いた。

ヘルパーから「ケアマネジャーに『介護給付費の単位がオーバーするのでサービスの内容を減らす』と聞いたが、母は左半身不随なので障害者手帳を申請すれば、もっとサービスが受けられますよ」と助言された。

デイサービスに行くようになってから、ヘルパーによるおむつ交換が三分の一の二〇回ほどになり売上が減少したゆえのセールストークかもしれない。おむつ交換はわたしが担当しているが、ヘルパーさんと変わらないくらい上手にこなしている。

九日（日）

今朝も独語が続く。

最近の母は食事中の居眠りが多い。眠ったらそのまま置いて、後で食べさせるようにする。

午後から介護用品の売場に出かけ、小さなマグカップと「くるりんグリップ」[21]を購入する。母が右手で飲みものを飲めるようになるためだ。

相変わらず母が右手で左手を掻きむしるので、夫が籐製の「腕貫」なる商品を見つけた。サイズは小を注文する。おむつ交換も商品の検索も夫の協力があっての在宅介護だと、日々感謝している。

一〇日（月）

障害者手帳について区の福祉課に相談する。医師の診断書・意見書を記入して持参してくださいとのことだった。ただし記入できるのは指定医に限るらしい。訪問診療していただいている訪問医が指定医であるのかわからない。またサービスが増えるのはヘルパーに限定されているとのこと。申請するのがいいのか、よくわからない。

無休の在宅介護も四か月目に入った。夫から「母がショートステイに行けるようになったら、二泊三日の旅行をしよう」と言われた。いつもなら温泉旅行は一泊なのでとても驚いた。新たな目標ができた。

一一日（火）

今日はデイサービスの日。朝から独語が始まっており心配している。

母を送り届けると、家事を終わらせ、久しぶりに夫とランチに出かけた。夕方の迎えの前には花屋でバラを買った。母に見せると「きれいやなあ」と言った。デイサービスでは食事時以外は独語を続けているようだった。

三階へ母を上げてくれる訪問看護師が予定の四時三〇分をすぎても現れない。携帯に電話すると五時になるという。ステーションの職員が連絡を忘れた様子だった。車椅子で待たされていた母は「疲れた、しんどいなあ」と連発するので「わたしがおぶろうか」と言ったが、「危ない。それは止めとき」と断られた。

ステーションの連絡不行届が続く。なんとかしてほしい。

一二日(水)

おむつ交換は相変わらず完璧。尿とりパッドが二センチメートルずれていても漏れに繋がることがわかった。チェックが大切。近頃では「わたしはおむつ交換のプロ」と宣言し、楽しくおむつ交換をこなしている。母もおむつ交換を告げると「世話かけるなあ」と応えてくれるようになった。

一三日(木)

デイサービスの送迎がスムーズになった。ただし施設到着直後のバイタルチェック時に「おばあ、おばあ」と叫んで機器がエラーになってしまう。後ろの席の女性利用者から「おばあは言ってはいかんはなあ」と声をかけられた。日中どんなふうに過ごしているかが気になる。

今日は帰宅してからも興奮したおしゃべりが続く。最近では夕食後の八時過ぎには眠るのに何が起こっているのだろう。だが「うるさいのでおしゃべりは止めて」と話しかけると、「ごめんな、ごめんな」と答えてくれるし、テレビに子犬が映し出されると「わんこが来た」と喜んでいる。九時半をすぎてから水を飲ませてみると少し落ち着き、一〇時過ぎると声が明らかに小さくなった。

一四日（金）

今日は記念すべき日となった。

訪問看護師によるマッサージが終わる頃、母が突然「おしっこが出る」と叫んだ。そしてポータブルトイレに座らせると大便を始めた。自分で便意がわかったのだ。この感覚を取り戻すことができれば、おむつをはずすことができる。訪問看護師は「次回からはトイレタイムを設けましょう」と言った。これができれば、次の目標であるショートステイも可能になる。さっそく訪問医に、ショートステイ用の健康診断書と、身体障害者手帳申請用の書類作成を依頼する。こんなに早く次の目標に近づくことができ、信じられない気持ちでいる。

在宅介護は苦労も多いが報われることも多い。すばらしい！

一七日（月）

午前中にマッサージ師とケアマネジャーが来る。ケアマネジャーが七月分のサービス利用票（兼居宅サービス計画）を持参してきたので、利用者確認の印鑑を押す。

母が左腕にはめている「腕貫」を見て感心している。またポータブルトイレで大便をしたことを伝えると「すごい回復ぶりですね。娘さん（著者）の計画通りの進展で驚いています」と言ってくれた。とてもうれしかった。

だがよいことは続かない。夜のおむつ交換を始めると、パジャマに大便がついているのを発見した。パッドにも中量の便があり、紙でふき取るが、その間も排便が続き悪戦苦闘する。結局、おむつ交換に数十分もかかることになる。こんな時もあるさ。

一八日（火）

デイサービスの送迎にも慣れてきた。これから暑くなるので帽子をかぶせたいと思うが、母は気に入らないのか放り投げてしまう。

夕方デイサービスから戻ると、右手に三センチメートルほどの切り傷があり、左手の親指と薬指の間にも皮下出血ができていた。訪問看護師が応急処置をしたが、とりあえず携帯で写真を撮っておき、デイサービス施設との交換日誌に「おそらく入浴の際に暴れてできた傷だと思いますが、少しだけ気をつけていただきますように」と記した。

施設側の対応次第ではショートステイについて再検討しようと思う。

母は最近また「どろぼー、おばあ、帰るわ、何しとるの、三人やでえ」などと以前のように悪い言葉を使うことが増えてきた。認知症が再発したのなら、抑肝散の再開も考えなければならない。

一九日（水）

疲れがたまっている。これまで昼寝はほとんどしたことはないが、今月になって食後に横になる日が続く。やはり疲れているのだろう。

先日、テレビで認知症対策が紹介されていた。

①積極的な社会参加。積極的ではないが、母はデイサービスで久しぶりの社会参加ができていると思う。

②会話、コミュニケーション。これもデイサービスの職員たちと、成り立たない会話を交わしていることだろう。

③認知症予防の運動。すでに予防の段階ではないが、運動という点では鍼灸師やマッサージ師、訪問看護師に治療していただいており、これも運動に当たるのではないかと考えている。

医学的な理論など全くわからないが、「認知症を少しでも改善させてやりたい」との家族の思いである。これからも手探りの日々は続いていく。

二一日（金）

この四か月間の母の暴言集から、認知症について考えてみたい。

興奮している時の常套句は「くそばばあ、おばあ、おじい、どろぼー、帰ろう」。穏やかな時は「ありがとう、すんません、かまへんのか」。

テレビを見ている時は「かわいい子やなあ、どの子やろ」「雨降りはかなんなあ」。食べ物が映し出されると「タケノコや、うどん、魚」と正しく表現する。ただし同じ言葉を繰り返す。

興奮時の言葉は、どこかの施設で日常的に浴びせられていたのかもしれないと思い、「くそばばあ、おじい、どろぼー」なんて言ってはいけないよと水を向けると、「いつもそういって、どなられていた」とのことだった。

わたしは「おばあちゃんも辛かったなあ」と同情するが「もう帰ってきたからかまへん」とけろりとしている。どちらにしても認知症の母の言葉だ。どこまでが真実なのか定かではない。

二二日（土）

前に書いたように、おむつは、大人用の紙おむつに尿とりパッドを重ねて使用している。午前中のおむつ交換で、内側のバッドが濡れていないのに外側の紙おむつが濡れているのを見つけた。そう言えば、以前にもこのようなことがあり、なぜこのようなことになるのか不思議だったのを思い出した。

交換したおむつを広げてみると、右側の部分が濡れている。母は左半身不随で身体の右側を下に横たわる。その際、足は「く」の字に曲がっている。両方の足が重なると打ち身ができるので、右足と左足の間に手製のクッションをかませている。たまたまそのクッションが汚れていたので、別の薄いクッションに替えた。そのせいでお小水が右の太ももを伝い、外側の紙おむつに流れ込んだようだった。足に挟むクッションにある程度の高さが必要だとわかる。これは大発見だった。

健康補助食品Fの服用を始めて二か月になった。暴言が少し穏やかになり、夜の寝つきもよくなったような気がする。これも在宅介護を始めたがゆえの大きな収穫だ。

二三日（日）

障害者手帳は、指定医である市内の総合病院での受診が必要になるため、申請をあきらめた。母を連れて行くのは無理だからだ。

今日の母は、久しぶりに朝から夜まで独演会。独語のメカニズムがわかれば対処のしようもあるのにと思うが、素人ではいかんともしがたい。もっとも素人の主婦が原因や対策を発見しても、一例だけでは普遍性に欠けるとか新しい知見に欠けるとかの理由で、研究者に門前払いを食らうでしょう。わたしの望みは目の前にいる母を救うこと。

二五日（火）

デイサービスの相談員が、来月から始めるショートステイの説明と利用契約の手続きのためにわが家を訪れる。ついでに母の施設内での様子を尋ねた。朝のバイタルチェックもひと苦労だが、入浴も大変らしい。暴言を吐いているようなので、その声に反応して似た状態の他の利用者が興奮する可能性もあるという。しかし現在は、個室で過ごしているため、問題ないということだった。やはり暴言と独語だ。なんとかできないものだろうか。

二七日（木）

当初の予想通り、母はデイサービスの職員に敏感に反応しているようだ。やはり施設で受けた対応の印象が強く残っているのだろうか。

デイサービスから戻るとかならず腕に傷を作っている。その対策として右手には腕カバーと日よけの長い手袋、左手は指サックと腕貫を持参させている。今日は帰宅してから興奮気味で、いつもなら寝入る時間になっても独語が続いた。しかし時間の経過とともに声のトーンは下がり、やがて大人しくなった。

二八日（金）

ケアマネジャーが七月のサービス利用票を持参する。来月からはヘルパーの利用回数を少し増やすことにした。家族内でおむつ交換や着替えの手伝いができるようになったが、食事介助などを含めると、やはり負担が大きいからだ。

事業者の中には、単位を余らせることはないと言ってくれる人もいる。しかし政府の財政が逼迫している昨今、介護保険制度を持続させるためにも、介護保険被保険者は本当に必要なサービスのみを選ぶべきだと思う。

三〇日（日）

母が名古屋に来てから四か月が過ぎた。機嫌のよい時には「ありがとう、お願いします、サンキュー」といった言葉が出るようになったことは、とてもうれしい。在宅介護にしてよかったと感じる瞬間だ。認知症を治すことはできないと理解しているが、少しでも穏やか余生を送らせてあげたいと願っている。

マッサージの効果か、「く」の字に曲がった足がやや伸びたようだ。

七月──ショートステイが始まる

一日（月）

車椅子の調子がよくないので、福祉用具専門員が調整に来た。

これまで早炊き玄米と白米とを混ぜて炊いていたが、自宅でブレンド米の玄米を七分づきと五分づきに精米して食するようにした。認知症には玄米がいいということなので、自家精米を使用することにしたのだ。

午後からはおしゃべり（独語）が続いていたので、夜は比較的静かになっている。大きなあくびをしていた。

三日（水）

ここ数か月は毎日、朝夕と大便が出ていたが、この二日間は出ていない。久しぶりに独語も続いている。考えられる原因は、①デイサービスでのストレス、②早炊き玄米がなくなったので白米を食べさせた、の二点だ。今夜は早炊き玄米を白米二対玄米一から一対一にしてみた。

今夜はとても静かにテレビを観ている。玄米が効果を発揮しているのかもしれない。玄米のみのご飯を試してみる必要がありそうだ。

四日（木）

今朝も便通がない。

午後には訪問薬剤師から薬を届けられる。この二日ほどはおしゃべりの時間が長いので、頓服を頼む。Kメソッドでは混合認知症の治療として、グラマリール[22]を使用しているようだ。ただし母は薬に敏感な体質なので、一般的処方の五分の一にしている。夕方に一包飲ませると三〇分ほど驚くほど静かになった。ところがしばらくすると、再び独語が始まる。ひょっとしたら、副作用でますます独語の回数が増えるのではないかと不安に思った。

六日（土）

今朝は久しぶりに便通がある。理由はわからないが、健康補助食品Fを夕方の一包にしようと考えた。

一〇時のおやつは、便秘なので抹茶に青汁を混ぜて飲ませた。すると「苦いなあ、これは抹茶と違う」と鋭い指摘が入る。認知症でも味覚は衰えていない。

七日（日）

デイサービスの利用は、介護側が休めるのでとてもありがたい。しかし母は施設に対する不信感が拭えないのか、不穏な行動が目立ち始めた。以前にもあった独語と右手でベッドの柵を叩く動きだ。また口に運んだ食べものを舌で吐き出すことがある。これも在宅介護を始めてから徐々になくなっていった行動のひとつである。

九日（火）

初めてのショートステイの日を迎えた。

デイサービスにはとても助けられている。しかし母には施設は鬼門だ。デイサービスから帰って来ると興奮し、夜まで独語を続ける。食べものを吐き出すことも増えた。だからショートステイも不安でたまらない。責任者から頓服を持参するように言われた。三〇分しか効かないと説明しても必要だと言われる。薬は服用後の反動が大きいので止めてほしい。ケアマネジャーに相談の電話を入れた。

一〇日（水）

ケアマネジャーが施設に母の様子を確認したらしい。おむつ交換時には抵抗があったが、ほかは問題ないということだった。施設で問題が発生しなくても帰宅後に不穏な動きをするのはなぜだろう。因果関係を探る必要がある。

うちほど在宅介護について悩み、原因を探り、その対策について真剣に取り組んでいる家族は多くないはずだ。そう考えて、二泊三日の休息を存分に楽しみたい

一一日（木）

ショートステイの送迎のついでに施設を見学した。詰所のような場所に簡易ベッドがあり、そこで数時間待機していたようだ。半身不随の身体ではフラットなベッドはきつかったのではないかと考える。職員によると、いつも午前中は静かで午後から独語が始まっていたということだった。心配ないと言う。しかし母は手袋をはめた右手で、職員をばんばんと叩いている。相当迷惑をかけているのだろうと察した。ありがたい気持ちになる。今後もショートステイをお願いしよう。

一七日（水）

夫は毎朝のおむつ交換を手伝いながら、ヘルパーの手さばきを観察している。「今朝のヘルパーさんは動作が雑だ」と言う。案の定、昼にはパッドだけでなく紙おむつにまで尿が漏れていた。プロの仕事ではない。

ヘルパーには定期的な実習を義務づけるなどして、技術の向上に努めてもらいたい。

一八日（木）

熱が三七、八度あるので入浴を中止し、脇の下と鼠径部《そけいぶ》を冷やしていると、デイサービスから連絡があった。夕方迎えに行くと、母は車椅子に乗った直後に大量の胃液を戻す。帰宅後、訪問看護師がバイタルチェックと腹部の触診、聴診を行うが、腸の動きに問題はないので一晩様子を見ようということになった。夕食の時間を遅らせ、おかゆと梅干、ほんのわずかにスープを飲ませた。これ以上問題は起こらなかったが、真夏日が続く折なので体調管理に十分な注意が必要だと肝に銘じた。

一九日（金）

朝食時に居眠りを始めた。昼食はすり胡麻入りの粥を完食する。高齢者の便秘に効くという。午後にやってきた訪問看護師に手伝ってもらい、おむつを交換すると中量の便を確認できた。その後、訪問看護師のマッサージと足湯を済ませてから、もう一度おむつのチェックをすると、また中量の便を見つけた。どうやら便秘は解消したらしい。

二〇日（土）

今月は第一週と第三週で便秘になっている。便秘になった原因は食事ではないかと考えてみるが思い当たることはない。真夏日が続いて汗をかき、体内の水分が失われたことなども原因のひとつなのだろう。とりあえず朝夕たっぷりの便が出ている。元気なおしゃべりも復活した。

二三日（火）

今日からショートステイ。寝起きに出かけるので機嫌が悪いが、移動中も先方でも静かだった。施設でも穏やかだったらしい。連絡帳にメッセージを記入しておいたので、責任者から電話が入った。

①入浴は二日間ともお願いします。

②自宅でベッドは、常時二〇度ぐらいの角度をつけた状態で使用していますので、フラットなベッドの使用を止めてほしい

　という二点の要望について、①最後の日に入浴する規則になっている、②静養室ではフラットなベッドを使用する決まりです、とのことだった。

　家族の意向は考慮してもらえなかった。利用者の心に寄り添ったとのうたい文句が実行されていないと感じた。評判がいいといってもこの程度のサービスである。高額な介護サービス料を支払っても、満足のいく施設に巡り合うのは困難なのだ。これが高齢者施設の実態なのだろうか。

二六日（金）

　訪問看護師の援助で、おむつ交換、整髪、耳掃除を済ませる。

　その後、訪問医が来る。依頼しておいた健康補助食品Fと腕の引っ掻き傷を保護するカテリープFSロール[23]一箱をいただく。聴診器を胸にあてて呼吸音を確認していただく間、母は静かにしていて言葉数も少ない。

二七日（土）

　今日も比較的落ち着いている。自宅に慣れてきたのか、健康補助食品Fの作用か、玄米食や大豆、果物とヨーグルトの効能なのかはわからない。しかしうれしいことである。ただ言葉がはっきりできないので、夫は脳出血の進行を心配している。できるだけの在宅介護をしているので、延命治療は必要ないと思う。最期まで自宅での家族介護を続けていきたいと考えている。

二九日（月）

足のマッサージを始めてから二か月になる。気づいてみると「足が痛い」と言わなくなっている。うれしい結果だ。寝たきりなので、体と精神のストレスをできるだけやわらげてあげたい。次の目標は自分の右手を使ってお茶を飲むこと。欲を言えばスプーンを使って食べること。実現できればいいなあ。

三一日（水）

デイサービスの夜と翌日は便が出ない。施設では管理栄養士によるバランスのよい塩分控えめのメニューが提供されている。たしかに健康にはいいのかもしれない。しかしながら、排便につながらないのは体にはよくないのではないかと思う。わたしは管理栄養士ではないが、毎日よい便が出ている素朴な家庭料理をみなさんにも食べさせてあげたい気持ちだ。母はあまりにも静か。夫が「おばあさんは、大丈夫なのかなあ」と心配している。

八月――静かすぎる母

一日（木）

これほど口数が少なくなってくると不安になる。訪問看護師は、脳出血があると目がうつろになるが、その兆候は見られないと言う。訪問医からも心配されるような返事はない。しかし夫は母の言葉がワンテンポ遅れていると何度も指摘する。医療についても素人の在宅介護者が解決策を練らなければならないようだ。

四日（日）

久しぶりに炒り糠を作った。昨日玄米を五分づきに精米したので大量の糠ができたのだ。弱火で温めたフライパンに糠を投入して、約三〇分根気よく木のスプーンで炒ると、ベージュ色からこげ茶色に変わる。これが炒り糠だ。炒り糠は主に朝食の卵焼きに使う。半分は家族用だが、認知症に効果がありそうなことは何でも試すつもりだ。

六日（火）

今日からショートステイ。朝から大雨でずぶ濡れになる。

半年ぶりに小学生になった二人の孫が泊りに来る。その二人の相手をしている時に、施設から緊急電話があった。おやつのゼリーを食べたところ、ゼリーを喉につまらせ顔面蒼白になったので救急車を呼んだという。急いで施設へ駆けつけて、救急車に同乗。意識ははっきりしていたので少し安堵した。救急車で受け入れ先の東部医療センターに到着。血液検査と誤嚥の確認のために肺のレントゲンを撮る。医師から検査の説明があり、肺の誤嚥性も血液検査の結果も問題なく、帰宅してもよいという。その後、夫が迎えに来てくれたので自宅へ戻った。めまぐるしい一日となった。ゼリーが詰まるなど考えられない。先月の嘔吐事件といい、いったいどういう経緯で起こったのだろう。施設からの説明はない。受けているサービスの見直しを図る時期かもしれない。

七日（水）

昨日の事件について、ケアマネジャーとショートステイの責任者から、誤嚥が起きないようにミキサー食にしてはどうかとの提案を受ける。家では玄米の粥と刻み食である。悩むところだ。ケアマネジャーからは経管栄養の高齢者が口から食べられるようになったのは稀なケース。現状を維持するためにもミキサー食がいいのではないかとアドバイスを受けた。しかしミキサー食では咀嚼《そしゃく》しなくなり、認知症が進む危険性があるはずだ。返答に窮してしまった。でも次のデイサービスは明日なのでとりあえずアドバイス通りにすることにした。

こんな場合、施設側は家族にいろいろ要求するが、家族の要求は受け入れてくれない。規則にしばられて臨機応変な対応ができないのかもしれない。施設が高齢者と家族に寄り添った介護を実践するのは至難の業だ。やはり在宅介護がベストかもしれない。

八日（木）

ショートステイの施設に自宅で使っている木製のスプーンとゼリーを持参した。ゼリーの現物を見せてくれるように頼んだが叶わない。これは隠ぺい工作か何かなのかと思った。今後はゼリーもミキサー食にしてとろみをつけると説明を受けた。フラットなベッドの問題は、三角形の背もたれを持参することで解決しようと思う。結局、自分たちでやるしかない。高齢者と家族に寄り添った施設というのはなかなかない。

一〇日（土）

今日も猛暑日になる。最近、母は朝食を断ることが多い。夕飯は趣向を変えて、ここ数日続いていた粥からご飯にし、副菜も増やした。食後一時間後には、健康補助食品Fを混ぜたデザートを食べさせた。

夜八時半過ぎに母が口とパジャマに嘔吐しているのを発見した。あわててベッドを六〇度まで立ち上げ、訪問看護師に連絡する。訪問看護師は訪問医と相談し、とりあえず様子を見ましょうとアドバイスをくれた。しかしその後三度も嘔吐したので、結局、訪問医に来てもらい点滴を受けた。夜中の一二時過ぎにひと段落。訪問医は点滴の医療機器を置いて行く。母は熱中症だということだった。健康状態が明らかにダウンしている。食事を米飯にしたのがよくなかったのだろうか。不安で仕方がない。

一一日(日)

京都から妹夫婦が見舞いに来た。母は興奮することなく穏やかだ。

午前九時過ぎに訪問看護師から電話が入り、今朝の状況を尋ねる。食事はいらないが、できたら水分を五〇〇ミリリットルくらい補給したほうがよいとのことである。こういうアフターフォローはありがたい。

母は妹の介助で粥を完食。普段はあまり飲まないお茶も五〇ミリリットル飲んだ。午後には末妹夫婦もやってきて、おやつのゼリーを食べさせた。

再び訪問看護師から電話がある。母の様子を逐一尋ね、もう点滴は不要だろうと判断してくれた。こういう時には本当に頼りになる。感謝の言葉しかない。容態が急変しても対処できるように今夜から添い寝を再開する。今夜も熱帯夜になりそうだ、エアコンを二八度に設定してつけっぱなしにする。

一二日(月)

今朝もおかゆにした。遅めの朝食はいつもの半分食べてくれたが、お茶は五〇ミリリットル飲んだ。酷暑のせいなのか水分を要求してくる。

黄色い吐瀉物《としゃぶつ》は胃液だという専門職の説明があった。しかし夫の手元にある本によると、黄色い吐瀉物は胆汁だと記されている。便秘の悪化や腸閉塞などで胆のう炎になり、胆汁の吐瀉が見られるということだが、両方とも当てはまらない。ときどき胸が苦しいと訴えることがあったがそれもよくわからない。対策として、玄米食と果物を食べさせて、脂肪は避けることにした。

　デイサービスの静養室で使ってもらおうと、キューブチェア[24]を施設に持参した。ベッドでの使い方について職員に説明する。ベッドはやはりフラット以外にはできないということだった。自宅のベッドが常に二〇度ほど上体を起こしているので、同じ状態にしてあげたい。

一五日（木）

　デイサービスから帰って来ると母はたいへん不機嫌な様子だった。おむつと尿とりパッドが身体の中心から右に大きくずれていたのだ。ちゃんと仕事をしてほしい旨を施設への連絡帳に記入する。

一六日（金）

　マッサージ師に一連のアクシデントの話をすると、胃腸の働きが悪い時には食事を食べる順番を考えたほうがよいというアドバイスを受ける。初めに果物、次に野菜、タンパク質、最後にご飯、である。簡単に実践できそうだ。

　今週は猛暑のせいで一日二〇〇〇ミリリットルの水を飲んでいる。熱中症対策に水分補給は欠かせないだけに助かる。

一七日（土）

　独語は一番ひどい時の一〇分の一に減った。それに加え舌が回らないように聞こえたが、今のところ心配した脳出血などの問題はなさそうだ。

　わたしは三〇分ほど庭の草取りをする。元気になったらおばあちゃんも手伝ってねと声をかけると「できない」と答えた。自分はもう満足に活動できないことをちゃんと理解しているようだった。どのような身体状況になろうが、希望のもてる状態で余生を送ってほしいとは、家族の切なる願いである。

二二日（木）

母をショートステイ先へ迎えに行くと、先日誤嚥事故の原因となったゼリーとスプーンのサンプルが用意してあった。ゼリーの固さは家で食するものと変わらない。スプーンはやや大きかった。ちゃんと準備しておいてくれたのだ。心の中で非難したことを申し訳なく思う。

ケアマネジャーから九月第四週のショートステイの予約がとれなかったという連絡が入った。理由がわからない。それに加え、ショートステイの日は電動ベッドで休ませてもらう約束をしたのに、今日も母はベッドがフラットな静養室にいた。明日はサービス提供者全員が集まって初めての全体会議を行う。そこでいろいろと確認しなければならない。

母は帰宅すると「泊まるのはいやや」と言う。気になる一言だ。

二三日（金）

昨夜はショートステイから帰宅後、興奮したのか午前三時頃まで起きていた。独語ではなく右手を上げ下げしているだけだ。案の定、昼夜逆転して今日は午後まで眠っている。

午後に初めての全体会議があった。先にショートステイの責任者と誤嚥騒動や静養室のベッドについて話し合う。ケアマネジャーと福祉用具専門員、訪問看護師、ケアサービス全般の責任者が揃い、現在のサービス提供の報告と、各担当者からの意見要望などについて説明がある。その後、訪問医も加わって全体で最終確認が行われた。こうしてみなさんの話を改めてうかがうと、在宅介護においては、サービス提供者がいかに大切な役割を果たしているかがよくわかる。感謝の思いでいっぱいです。本当にありがとうございます。

二四日（土）

久しぶりのよい話題だ。母が昼食後にテレビで新喜劇を見ていたら、大きな声で笑ったのだ。笑いは免疫力をアップさせると聞いたことがあるのでとてもうれしかった。さっそく携帯電話で撮ろうとしたが、母はすぐに元の顔に戻ってしまう。笑顔を写真に収めるのは至難の業だ。夕食後に見たテレビにもお笑い芸人が出ていたが、またしても大笑い。こんな日はめずらしい、心から安らぐ一日となった。

二五日（日）

食事はベッドの上に座って食べさせていたが、これからは時々椅子に座らせようかと考えている。体力の回復につながりそうだからだ。

怒ったり、泣いたり、叫んだり、時には安堵したり、この半年間は喜怒哀楽がめまぐるしく変わる毎日だった。でも、少しずつ目標を上げながら確実に前へ進んでいる。まさに三人四脚の歩み。次なるゴールを目指して、さあ出発しよう。

二八日（水）

今夏は酷暑だったが、そろそろ早朝には冷たい風が吹くようになってきた。そうなると大切なのは室温の管理だ。今夜も三度ほど起きては室温の確認をした。

近頃、母はデイサービスに行きたくないと訴える。わがままな高齢者の戯言として聞き流す手もあるが、よりよいサービスを受けさせてあげたいのが本当のところだ。少し母に申し訳なく思う。

三〇日（金）

おかゆが三週間以上続いている。様子を見て、やわらかいご飯にしてみた。自宅では咀嚼するのに、施設では丸飲みしているという。これも不思議な現象である。

夕方にテレビが壊れた。修理に五日かかるという。テレビが生きがいのおばあちゃんにはつまらない日々になりそうだ。

三一日（土）

テレビがなくなると、母の独語が復活した。やはり寝たきりの高齢者にはテレビは必要不可欠。重要な役割があるのだ。しばらく我慢してね。

九月――一日一笑

一日（日）

母は食欲が旺盛。よいことだが食事が済んでも口に手を添えて食べものを要求する。「みんな食べましたよ」と空のお茶碗をみせると、食い入るように見つめて「ええー」と驚きの声を上げる。以前のような「おおきに、ありがとう」の声が聞かれなくなってきている。食べたことを忘れるのは、典型的な認知症の症状。病気がじりじりと進んでいるのを実感する。

二日（月）

今日からテレビのある暮らしに戻った。

しかし独語はもう収まらない。

テレビの画面を見ては「魚や、雨が降っている。あの子どこの子やろう」などといちいち反応している。反応があるのはうれしいが、独語がひどくならないことを祈る。

五日（木）

おむつ交換時に二か所ほど赤い湿疹のようなものを見つけた。ヘルパーのアドバイスに従ってワセリンを塗る。

デイサービスから帰る時、母が施設の職員と訪問看護師に「ありがとう、ありがとう」と声をかけていた。感謝の言葉はひと安心のサイン。随分手がかからなくなっていることに感謝している。

六日（金）

昨日見つけた湿疹を訪問看護師に診てもらう。ゲンタシン軟膏[25]を塗って様子を見るが、原因はおむつなのでひどくなるようならおむつを外す必要があると言われた。テープの部分が広い紙おむつに変更したばかり。それが汗で蒸れる原因のようだ。

ごくまれにではあるが、母は食事中に私たちが使うダイニングテーブルを見て、「あっちで食べたい」と訴えることがある。

九日（月）

快食快便の日が続く。家族で練り上げた食事メニューの効果だと自負している。管理栄養士の考えるカロリーや塩分バランスのよい献立（宅配弁当）ほどではないが、主婦の手作りメニューも十分役に立つのだということを、在宅で介護しているみなさんにも知ってもらいたい。

今日の一笑。テレビのパンダを見て「たぬきや、たぬきや」と笑っていた。わたしたちも一緒に笑う。（写真5）

（写真5）少しずつ柔らかな表情を見せてくれるようになった母。

一〇日（火）

母は今日からショートステイに出かける。そこで家族のために、夕食は半年ぶりで鍋を用意した。温かいものを温かいうちに食することができるとほっとする。母の食事について気づいたことがあった。今の季節なら冷めた食事でもかまわない。しかし秋冬は今までのような冷たい食事ではおいしくないし、身体にもよくないだろう。温かいメニューにしなければならない。またやりがいのある課題が増えた。

介護が重荷にならないようにするには気分転換も大切だ。そこで、今まで一度もやったことのない網戸の張替えを試みた。慣れない作業なので一枚に二時間を要したがまずまずの出来栄えだ。ちょっぴり自信を持つことができた。

一二日（木）

ショートステイから戻ってきた母のおむつがずり落ちていた。しかも完治したはずの赤い湿疹が倍増している。この症状をカメラに収める。施設職員からの連絡帳には「特にお変わりなく過ごされました」と書かれているのみ。これだけの湿疹に気づかないはずはない。絶対におかしい。明日は訪問医の往診日なので診察をお願いしよう。

一三日（金）

これから夫の仕事が繁忙期に入る。よって一人で行うおむつ交換の技術をマスターしておかなくてはならない。しかし、この日のおむつ交換はうまくいかなかった。ベッドの柵に母の右手を固定しなかったからだ。さらに工夫をしなければならない。

午後に訪問医が往診に来る。診察の結果、湿疹だと思っていた皮膚の炎症は褥瘡《じょくそう》[26]だった。

寝たきりや施設の高齢者に発症することがあるという。尿とりパッドが皮膚に擦れないようにカテリープFSロールを張り付けるように言われた。

夕方早速施設を訪ね、責任者に説明をする。褥瘡は寝たきり高齢者では一番気をつけなければいけない病気のひとつ。これすら見つけることはできないのかと腹が立った。しかしサービスを利用しないと在宅介護は成り立たないのだ。

一四日（土）

今日はお笑い番組のある日。母は一日一笑のノルマを早々に達成する。

褥瘡は栄養不足も要因のひとつと考えられているようだ。うちは独自に編み出した玄米と野菜、魚の食事メニュー。これでいいのだと自分に言い聞かせたが、問題点がないか検討することも必要だと考えた。

夜のおむつ交換で褥瘡が快方に向かっていることを確認する。ほっと胸をなでおろした。

一七日（火）

母がショートステイに出かけたので、念願の温泉旅行にでかけた。ただしいつでも駆け付けられるように片道一時間以内の場所を選ぶ。ところが仕事やプライベートに関する電話がいつになく多い。ようやく落ち着いたところに施設から連絡が入った。嫌な予感がしたが、案の定母のショートステイ先だった。

三度嘔吐し、下痢も発症しているとのこと。バイタルに問題はないので、様子を見るということだった。その夜はまったく眠れなかった。

一九日（木）

施設に電話を入れると、食欲もあり問題ありませんとのことだった。ひとまず安心する。

テレビで小規模多機能型居宅介護事業所が紹介されていた。人気があるようなので、さっそく午後から見学に行く。一件目の施設では、デイサービスとショートステイ、ヘルパーの派遣がセットになっているので、契約するとケアマネジャーとヘルパーも変わることになる。ところがこの施設では、人員不足でヘルパーの派遣も、他の事業所の利用もできないという。矛盾している。

二件目の施設では、経営が成り立たないので「小規模」の介護は今月をもって廃止するという。

三件目の施設では定員の余裕がありますとのこと。相談内容の記入をしてケアマネジャーの連絡を待つことにした。

夕方、母がショートステイから帰ってきたので、施設との連絡帳を見た。中に「未消化便多量」という言葉を見つけた。ネットで検索すると、昼食が夜間に未消化便として出るとのこと。ショートステイの昼食の献立を確認すると「サバの竜田揚げ」だった。膵臓《すいぞう》の機能が衰えている時に油ものを食べると未消化便になるようだった。以前に油ものと肉類は食べさせないように頼んでいたのに、これが提供されていたとなれば問題だ。

二〇日（金）

小規模多機能型居宅介護事業所のケアマネジャーから電話があり、デイサービスもショートステイも利用できるとのことだった。日曜日に訪問して詳細について説明しますという。座位のままでのシャワー、車椅子ではなく食堂の椅子に移乗しての食事、トイレでの用足しなど、こちらの要望を叶えるように尽力してくれるとのことだった。これにはうれしいと同時に驚いた。

二二日（日）

先日見学した小規模多機能型居宅介護事業所のケアマネジャーから詳細についての説明を受ける。またこちらの状況や希望を伝え、介護保険証を預けた。

ひと月の自己負担金は介護度によって決まる。要介護5の母は、二万九九七五円の自己負担額になる（どれだけ利用してもヘルパー込の同一料金）。

一日でも一か月でも同じ料金になるという。また、福祉用具を加えると他のサービスは利用できなくなると言われた。よって訪問看護師を利用する単位がなくなる。そうなると問題は、施設から派遣されたヘルパーが、母を三階から一階に下ろすことができるかだ。今週、そのヘルパーがデモンストレーションにやってくる。契約はその結果を踏まえて判断する。

二四日（火）

便秘が五日目になった。『健康』の特集記事では、便秘は健康な証なので気にすることはないと記されていた。とはいえ気になる。

母をデイサービスに送り出してからエアマットの空気が抜けているのを発見した。褥瘡の原因はこれかもしれない。マットの交換に来た福祉用具専門員は、空気が抜けたのは、おむつ交換の時にベッドに乗っていたのが原因かもしれないと言う。おむつ交換の作業手順を再考しなければならない。また訪問看護師に褥瘡を診てもらうと、カテリープFSロールを直貼りすればよいと教えられた。マットも改善したので、便秘と褥瘡の解消を願う。

二五日（水）

ベッドに乗らずに側面からおむつ交換をするのはむずかしい。おまけに片側で足を操作するので、腰に負担がかかり腰痛になった。マットの入ったエアクッションがあるらしいので検討することにした。ベッドのサービス単位も高いので変更しなければいけない。

便秘対策として、ヒジキの麦ご飯、トマトジュース、乳酸飲料というメニューにした。夜のおむつ交換で五日ぶりの便を確認。褥瘡もよくなってきているので安心した。

二七日（金）

午前中に小規模多機能型居宅介護事業所のケアマネジャーと職員が来た。「おんぶ隊」を使ったデモを行う。何とか可能だったが、職員から、危険防止のために階段にすべり止めをつけるよう要望された。

来月は小規模多機能型居宅介護事業所デイサービスのお試しに出かけることになった。それをクリアしてから正式な契約となる。

一〇月――小規模多機能型居宅介護事業所を利用する

二日（水）

近頃の母は食事中に傾眠することがある。そんな場合は、すぐに食事の介助を中断して、口の中に食べ物が残っていないのかをチェック。念のため水分補給をしている。誤嚥のおそれがあるからだ。

夕方には、今度お世話になる小規模多機能型居宅介護事業所のケアマネジャーから連絡が入る。お試しをデイサービスでなくショートステイにしたいという。その際エアマットに使用しているシーツやクッション、おむつ、尿とりパッドも持参してほしいという。おむつは五〇円、パッドは三〇円の処理代が必要とのこと。テレビの放映を見て選んだ施設だが、追加料金などで結構割高になりそうだと思った。

三日（木）

デイサービスの職員から水分補給ができなかったという報告を受けた。訪問看護師は報告を受け、胸と腹とに聴診器を当てる。きれいな音なので問題はありませんということで安心する。また連絡帳ではいつもの一、二割しか食べものを食べていなかった。しかし果物とゼリーを食べさせると問題なく食べた。

夕方には福祉用具専門員から、来週のお試しショートステイ先にエアマットを届け、マットの設置と使用について説明すると連絡があった。その際、ベッドのサービス単位が高くて訪問看護師のサービスが受けられず困っていると相談すると、三Dモーターから二Dモーターのベッドに変えれば、これまでの半分の単位で大丈夫だと紹介された。なぜ最初からそのベッドを紹介してくれないのかと残念に思った。

五日（土）

来週のお試しのショートに持参する物は、
・普段使用している目薬、ワセリン、アンテベート
・腕貫・拘縮防止用の指サック
・白い手袋と拘束用の手袋
・パジャマ二組
・普段着二組
・ベッドで使用するシーツとクッション
・おむつ一式
など随分と多くなる。新しい施設に移るから準備はたいへんだ。それに改めて契約が必要になる。母がうまく適応してくれればよいが。心配は絶えない。

九日（水）

午前中に新しい特殊寝台が搬入された。三Dモーターから二Dモーターに変わるが機能をすべて使っていたわけではないので特に問題はない。ただしエアマットは空気が一杯になるまで一〇～一五分かかる。ショートステイから戻った母を椅子で待たせなければならないので、ベッドへの移乗は家族で行うことになるかもしれない。

一〇日（木）

小規模多機能型居宅介護事業所でのお試しショートステイから母が戻る。初日は風船ゲームに参加。その後は車椅子で過ごしたという。シャワーチェアを使ってのシャワー入浴も比較的落ち着いていた様子だった。食事も完食し、おむつ交換時も問題行動はなかったようだった。施設長がフロアでつまずいた時に大声で笑っていたという愉快なおまけまで付いた。来週契約することにした。

一一日（金）

朝食時に「ご飯できたよ」と声をかけると、「えらい早いなあ」と答えた。日々の言葉が会話になってきているように感じている。午後に訪問医が来たので、小規模多機能型居宅介護事業所を利用することなどを報告した。

一二日（土）

朝食中の傾眠が頻発するので、今朝は朝食時間を遅くしてみた。案の定、食事が進む。七時のおむつ交換の後では早すぎたのだ。驚いたのは、左手が痛いと訴えたことだ。左手が体の下敷きになっていたのだが、感覚が戻ったのだろうか。信じられない。

一四日（月）

今日はこれまでお世話になってきたヘルパーの最終日だ。一番信頼していたのでとても残念だった。

一五日（火）

今日から小規模多機能型居宅介護事業所のショートステイに行く。施設での朝食は、おかゆ、卵焼き、味噌汁を完食したようだった。他の利用者とも打ち解けているという。午前中に施設長とケアマネジャーが来て契約を交わす。その際、施設で車椅子からベッドへ移乗する時に、動かなかった左手でベッドの柵を握っていたという話を聞いた。本当なのか信じられない。

一七日（木）

夕方に初めてのショートステイから帰宅した。玄関で職員から、入浴中に母が陰部を掻き少し出血した旨の報告を受け、謝罪された。こんなに親切な対応を受けたのは初めてなので、逆に安心する。

一八日（金）

サービス提供者が変わって初めてのおむつ交換の日。今までのヘルパーは、便の処理にトイレットペーパーを使い、陰部洗浄用のポトルで洗い流し、仕上げにタオルを使用したが、新しい人はタオルを使っている。手順が違うので驚いた。

一九日（土）

昨日のおむつ交換には驚いたが、よく考えてみると、施設でのやり方を在宅介護に当てはめるのはおかしいと感じた。

その家にはその家のやり方があるからだ。そこでわが家のやり方を説明してみると、そのとおりにこなしてくれた。他の人にも同じようにやってもらおうと思う。

二二日（火）

新しい施設では職員が、おむつ交換、着替え、三階から一階への移動、車椅子から自動車への移乗などを一人でこなす。とても効率がよい。また利用者が一〇人程度と少なく、母も和やかに過ごしているので今後が楽しみだ。

二六日（土）

来年の初めのショートステイを、できれば三泊四日でお願いしたいと話した。正月は例年、娘夫婦の二家族がわが家へ泊まるからである。家族一一名がお互いに寄り添える関係はとても大切なことである。これがあるから、充実した在宅介護を長く続けられる。それを調整するキーマンはわたしだ。

二七日（日）

以前下見した家具店で、ピンクの肘掛け椅子を購入した。最近、母は食事中に居眠りをするので、夫から、ベッドではなく椅子に座らせて食事をとらせたほうがよいという提案があったからだ。母はいつもより食欲旺盛で、おかわりまで求めた。椅子に座って食事をしたのは一〇か月ぶりだった。

妹に食事の様子をメールで送信したところ、予想以上の回復ぶりに感動していた。わたしも同感だ。

二八日（月）

今朝も椅子での食事。何の問題もない。ところが夕食の準備中に母のベッドを確認したところ、パジャマに嘔吐物を見つけた。嘔吐物を見ると、心臓が飛び出すくらい驚いてしまう。何か嫌いなものを食べさせたのか、実は健康状態がすぐれないのか。一体何が起こったのだろう。

三一日（木）

母は二九日からショートステイに出かけ予定どおり夕方に帰ってきた。

咳をしていたらしく、入浴ではなく清拭にしたとケアマネジャーから報告を受けた。続いてインフルエンザの予防注射を訪問医に依頼するよう言われた。家族も予防注射を受けておかなければいけない。母の咳は風邪だったのだろうか。嘔吐とも関連がありそうだ。

一一月――動き出した左手

一日（金）

早いもので霜月になった。今年も余すところ二か月。午前中には施設から、母の二四時間の生活についてお訊ねがあった。ライフサポートプランを作成するための聞き取り調査だった。近頃はおむつ交換をうっかり忘れることがある。しかし尿や便が漏れたことはない。尿とりパッドを身体の中心に当てるという基本を忠実に守っているからだ。施設側もこの基本を守ってくれている。だから安心である。

母は夕食時、お粥・卵焼き・焼き魚・茄子の煮びたしを完食した。私が少量のご飯を食べようとしたところ「一緒に食べようか」と声をかけてきた。「おばあちゃんは食べたでしょう」と言ったが、あんまり欲しがるので少し分け与えた。食欲旺盛なのはいいことなのだろう。

四日（月）祝日

約束の時間を過ぎてもヘルパーが来ない。一五分経ってから電話を入れると職員は「すみません。今出ますので」と言う。しかし三〇分経っても来ないので再度電話すると、道に迷っているとのこと。間もなく玄関のベルが鳴る。来たのは研修生だった。おむつ交換にも慣れておらず、わたしたちが手助けする。施設にも事情があるだろうが、研修生だけを派遣してもらっては困る。

五日（火）

ケアマネジャーから前日の不手際を謝罪される。おむつ交換の際に確認すると、やはり大便が膣に付着していた。陰部洗浄が不完全だったのだ。これまでそのようなことはなかったが、最近ときどき見受けられる。陰部洗浄についても家族が気をつけなければいけない点を知っておきたい。

九日（土）

今朝もまた、先日の研修生が一人でやってきた。夫は職員が付いていないのはおかしいと不満気である。研修生しか都合がつかない場合は、次回から断ることにした。繰り返しになるが、介護施設はちゃんとお金をいただいているのだから、プロとしての自覚と意識をもって家族以上のサービスを提供してほしい。それができない施設が多すぎる。このような状況が続けば、介護保険制度の将来は危うい。

一〇日（日）

今朝はベテランの職員がおむつ交換に来た。研修生の問題については、施設でおむつ交換の実習をしてから訪問させますとのことだった。当然のことなのでよろしく対応してほしい。

母をベッドから椅子に移乗させている時に気づいたのだが、母の体重がずいぶん増えているようだ。

一二日（火）

ベテランの職員とケアマネジャーが来て、先日の研修生が研修で合格点をとったら再び訪問させるとのこと。当たり前のことだが、小さなことでもひとつひとつ報告をしてくれるのは、やはりありがたい。

一九日（火）

今日からショートステイだ。長袖の下着とズボン下を着せ、防寒着を着用させた。寒さ対策は行き帰りのためだけ。施設では床暖房が完備されており、寒がりの高齢者でも大丈夫だということである。母に声をかけてくれる男性入所者もいるという。刺激は多いほうがいいだろう。よい環境だと感じる。

二一日（木）

母は夕方に帰宅する。ショートステイでは他の利用者ともよく話し、よく笑っているようなので安心する。今日はお誕生日会があったという。おやつにケーキをいただいたらしい。洋菓子を口にするのは数年ぶりのはずなので驚く。そしてさらに驚いたのは、車椅子からベッドに移乗する際、動かないはずだった左手でベッドの柵を握っていたことである。信じられない思いだ。

二二日（金）

今日は夫が仕事で出かけるので、食事介助はわたし一人の役目となる。朝食と昼食は、ベッドの角度を五〇度にして食べさせる。おむつ交換は午後の訪問看護師を待った。訪問看護師に昨日左手が動いたことを伝えると、感激してぜひ見てみたいと言ってくれた。

来月からは理学療法士によるリハビリテーションが始まるので、さらに期待が高まる。

二三日（土）

施設では、おむつ五〇円、尿とりパッド三〇円の処理費用がかかる。そこでパッドの交換でほとんど済ませているわが家の方式で、おむつ交換を行ってもらいたいと施設長に要望した。すると施設は今、職員の入れ替えを実施しており、研修生もいるので、相談してみますとのことだった。ぜひお願いしたい。

今朝驚いたのは、母が口を閉じて寝ていたことだ。今までは大口を開けていたのに。信じられない光景だった。身体のあちこちで神経回路が復活しているのかもしれない。毎日奇跡を見ている心地がする。

二八日（木）

ショートステイから帰ってくると、またおむつと尿とりバッドの当て方が、間違っていた。便が漏れており、おむつを丸ごと交換しなければならない。明日の職員に、今後は注意して交換するようお願いしよう。

二九日（金）

今朝、おむつ交換中にベテランの介護士が、「肛門が開いているので腹圧をかけます」と言い出した。母の腹に「の」の字を書くようにマッサージをすると、間もなく大量の便が出た。介護福祉士から排便についてのアドバイスを受けるのは初めてだ。さすが介護歴一四年のベテランだと感激した。

ベッドから椅子へ移乗させる時に無理な体勢になるため、わたしの腰にとうとう激痛が走るようになった。明日、専門の治療院に行くことにする。

一二月――「おむつ外し」に挑戦する

一日（日）

今朝のおむつ交換は初めての職員だった。経歴を尋ねると、この事業所は二年だが長年ボランティアで障害者福祉に携わっているということだった。しかしおむつ交換はとても下手だった。次回は丁寧にアドバイスしようと思う。素人がプロに教える現状を何とかしてほしい。

三日（火）

ショートステイの送迎に新しい職員さんが同行してきた。作業の引き継ぎをしている。代替の職員がいないと何かと困るのでありがたい。

母は介護者を妨害することもない。出かける時に「おばあちゃん、お友達が待っているよ」と声をかけるとうなずいている。ショートステイが楽しいらしい。こんなことは初めてだ。

五日（木）

夕方、母がショートステイから帰宅する。母の荷物を確認すると、いつもならすべて使われているおむつや尿とりパッドがいくつか残っていた。施設側が、前に頼んだ尿とりパッドだけを替える方法を実践してくれているようだった。とてもうれしい。

悲しいニュースがあった。頼りにしていたベテラン介護士が今月末で退職するのだという。残念以外に言葉が見つからない。

六日（金）

「おむつゼロ」の取組みをしている特別養護老人ホームがあると聞いた。そこで施設の職員に、在宅でおむつ外しが可能かどうかを尋ねた。お小水が出るタイミングを探ることができれば可能かもしれませんということだった。病院のように尿の出た時間や量を計るのだ。そこまで在宅ではできないと思ったが断念したくない。

七日（土）

ベテラン介護士だけでなく、施設長も今月末で退職すると知った。まさに寝耳に水だ。不安ばかりがつのる。

午前中に待望久しい理学療法士がやってきた。実績のある方らしく、母は身体を触れられても大人しくしている。同行した訪問看護師も母が大人しくしているのに驚いていた。「寝たきりの高齢者は体が硬直しているのですが、左の指がやわらかいですね」と言う。両足と指肩のリハビリテーションを受ける。次週から本格的に来てもらうことになる。訪問看護師には、「おむつ外し」の施設を教えてほしいと頼んだ。期待したい。

八日（日）

次期施設長がやってきた。学生の頃からボランティア活動に携わり、障害者施設に勤務していたという。若くて、家族の要望や質問についても熱心に耳を傾け、メモをとっている。家族や母に対しても丁寧な言葉使いで、夫の評価も高かった。この新しいスタッフのみなさんとともに、「おむつ外し」に挑戦してみたいと希望をもった。

一二日（木）

母がショートステイから戻る。今冬一番の寒さなのにズボン下を穿いていない。また右目に傷がある。職員に尋ねると、おやつの時間にはなかったと思いますとのことだった。またおむつの位置がずれていることも判明した。明日の朝来る職員に理由を尋ねたい。

二一日（土）

理学療法士の二度目の訪問である。母と相性がいいのか、本当に大人しくリハビリテーションを受けている。スタッフ全員に対してこのように穏やかな態度ならよいのだが、「おじい、おばあ」という叫び声は一向に減らない。しかし、これが母の今の姿なのだから、受け止めることが大切なのだろうという考えにたどり着いた。

二三日（月）

ショートステイの前日にはかならず爪を切る。やはり左足の爪を切る時に足を動かしている。また不自由な左手に触れられると「おばあ、おばあ」と叫びだす。ということは感覚が戻ってきているということだ。左半身が活性化している証拠が次々と見つかっている。本当にうれしい。

二九日（日）

午前中に施設長がやってくる。「来年はおむつ外しに挑戦したい」と相談すると、やはり本人の尿意や排尿の時間を確認する必要があるとの回答だった。わたしとしては、時間を決めるのではなく、尿意や便意のタイミングをみてポータブルトイレに座らせれば、おむつ外しができるのではないかと考えている。

三〇日（月）

今朝のおむつ交換は、明日で退職されるベテランの職員だった。先日新聞に紹介されていたリハビリ専門の施設の話をすると、偶然にもそこが再就職先だった。離職率が低い職場環境のよさと、リハビリを行い自宅に帰すプログラムがあると聞いて決めたという。おむつ外しやリハビリの情報があれば、今後も教えてくださいと頼んだ。

三一日（火）

ショートステイに出かける日だ。正月には娘家族が帰省し来客も多いので、母には申し訳ないが、いつもより二日長く施設で過ごしてもらうことになる。しかし施設内に友達もできたみたいなので安心している。母がどんな正月を過ごすのかを、逆に楽しみにしている。

夕飯の時、夫から「今年は大変な年だったね」と言われた。「お父さんのお陰で乗り越えることができました」とわたしは答えた。高齢者の介護は一人ではできないことを実感した一年だった。しかし介護はまだまだ続くのだ。

二〇一四（平成二六）年

一月――安定する母の容態

四日

夕方、いつもより長いショートステイから母が帰宅した。おむつと尿とりパッドを多く持たせたが、残っていたので、こちらの要望通りのおむつ交換してくれたようだ。施設長からショートステイ時の母の様子を聞いた。きんとん、かまぼこ、伊達巻など食事はすべて完食したとのことだった。ありがたい。夜のおむつ交換の時に確認すると、三段腹になっていた。太り過ぎかもしれない。

今年の目標は、おむつ外し、温泉旅行、観劇などだ。どうぞよろしくお願いします。

六日（月）

医師に処方された認知症治療薬等の服用を止めて八か月になる。日中の暴言は減り、夜もよく眠れるようになった。症状改善が進んでいる実感はあるが、認知症自体の治療が進んでいるかどうかはわからない。

一三日（月）

おむつ交換の職員が予定時間に現れず、家族で事を済ませた。その後、施設から代わりの者を手配するとの連絡が入る。連絡不行届、行き違いは他の施設でもよくあった。今回はよい施設だと思っていたが、満足のいくサービスにはなかなか出合えないものだ。

一四日（火）

ケアマネジャーから前日の件で謝罪があった。

今後も利用させていただくつもりなので、ぜひ再発を防いでほしい。明日はリハビリテーションをサポートする施設を見学予定だ。

一五日（水）

専門職の職員がいて、リハビリ系二四時間介護・看護体制を重視しているホームを見学した。個室やトイレお風呂・食堂を見せていただいた。この施設では在宅復帰支援タイプがあり、三〜九か月の期間限定。機能回復を考えているので期待できると思った。しかしながら難関がある。医療機関での三か月以内の健康診断書が必要なのだ。母に病院で受診させるのはきわめてむずかしい。帰宅した夫に説明したが、「診断を受けさせるのは無理だろうなあ」と言われた。評判のよい施設でも利用することができないのは残念だ。

一六日（木）

午後、出先に施設長から電話が入った。昼食後に腹が痛いと泣き叫んだという。明らかにいつもと違うとのこと。施設に急行したが、わたしが到着した時には平静を取り戻していた。夜のおむつ交換時に体をチェックしたところ、左腕に一か所、腹と右足腿に二か所の掻き傷、また膣の右側に二か所の褥瘡を発見した。また最近、手足に赤いアザができることがある。とても心配だ。食事中の異常な叫び声は、お小水が漏れて褥瘡の傷口に触れたのではないかと推測した。介護スタッフは気づいていないのだろうか。

一七日（金）

今朝やってきた職員に昨日の出来事と推測した原因について話した。職員は、昨日は休日だったので内容を把握していないとのことだった。時間が早いので無理はあるだろうが、前日に起こったことくらいは申し送りをしてほしい。

一八日（土）

今朝は施設長が来たので、昨日のことについて携帯電話で撮った写真を見せながら説明した。その後は理学療法士によるリハビリテーション。母はいつも通り、とても穏やかにしている。

二〇日（月）

夕方に訪問看護師が来たので、木曜に母が腹痛を訴えたことを伝えると、腹部に圧をかけて胆石の確認をした。幸い問題は見つからなかった。陰部の横にあった傷口にお小水が触れたのではないかと説明された。なぜそんなことが起こったかを探るのは家族の役割だ。

二五日（土）

在宅介護のスキルアップとスペシャリストへの脱皮をめざし、通信教育で専門的な知識を学んでみようと思い立った。まもなく二校目の資料が届く。楽しみだ。

二六日（日）

おむつ交換をベテラン職員の指導のもとに新人職員が行った。尿とりパッドの位置がずれている。写真を撮ったので明日にでも職員に伝えるつもりだ。

二七日（月）

昨日と同じ新人職員がおむつ交換に訪れた。写真を見せながら、昨日の作業が間違っていたことを伝える。それと同時に、長年おむつ交換をしてきたヘルパーでも下手な人はいるからあせらないで励ました。

三〇日（木）

母の体重測定をしたところ、三六・六キログラムを維持しており安心する。

施設の職員が、母から「こんにちは」と声をかけられたらしい。家族だけでなく他の人たちにも配慮ができるようになっている。うれしい。

夜のおむつ交換の時に、左手と右の腿、左の鼠径部に傷を見つけた。認知症で手間がかかるだろうが、どうかやさしい介護をお願いしたい。

二月――引っ掻き傷とのたたかい

六日（木）

ショートステイから帰宅すると、ケアマネジャーから、母が入浴時に右手で膣の中を掻いて傷ができたと伝えられた。本人が傷をつけたと言われれば「ああそうですか」と答えるしかないが、障害のある高齢者なので防止策を考えてほしい。この一〇年間、さまざまな施設でお世話になったが、事故が起きた際に施設側から解決策や防止策を提示されたことがない。ただ業務をこなしているだけでは、お金をもらっているプロとは言えないと思う。事件が起きるたびに疑問や不満ばかりがつのる。

七日（金）

今朝のおむつ交換はベテラン職員だった。介護記録に陰部出血はないと記載されていたが、昼食後のおむつ交換では尿とりパッドに出血を見つけた。夫は自宅で介護する際には二人でしているのに、入浴の職員が一人では対応に不備があると思うので二人で介助して危険を回避するべきだと言う。期待して入所した高齢者施設だが、五か月間お世話になって陰部にこれだけ掻き傷ができ、尿とりパッドへの出血が多いのでは、対策を検討しなければならない。

八日（土）

おむつ交換に来た職員に右足の太ももにある傷を確認させる。ケアマネジャーは入浴時の手袋を交換する際に母が膣を掻いたと説明する。それなら、おむつ交換時に母の手にミトンの手袋をはめるとか、二人体制でおむつ交換をするといった対策を立ててほしい。いずれにしても責任者と話がしたい。

今週から理学療法士によって、利き手の右手で柵を握り、ベッドの右側から椅子に移乗する試みが始まった。

九日（日）

今朝は責任者と新人職員が来たので、母の右足太ももにある傷を見てもらった。責任者は新人職員に、作業をする時の心構えと、おむつや尿とりパッドの当て方を教えていた。

ショートステイから帰ると掻き傷が増えていることを相談すると、責任者は自分の指導不足だと謝罪し、おむつ交換と入浴時は二人体制で対応するとした。

陰部の掻き傷は致命傷になることがあるので、今後もし同じことが起こったら経営者に説明を求め、施設利用の継続を再検討したいと伝えた。

一〇日（月）

今朝やってきたおむつ交換の職員にも、昨日と同じことを話す。

一月一六日から毎週掻き傷があるのは、もしかしたら高齢者虐待の痕ではないのかと思いつく。明日やってくる職員には、友人が勤務している有料老人ホームの事例を伝えたいと思う。

一一日（火）

おむつ交換の時に、母の右足にできた打撲痕をケアマネジャーに見てもらった。「おんぶ隊」の紐の傷ではないですかと言われた。先日、理学療法士に見てもらった際も同じ意見だった。打撲すると周辺の皮膚が変色する。たしかに黄色っぽくなっていたので、打撲の可能性が大きいと感じた。

一二日（水）

午前中に薬剤師が来たので、身体の傷のことと今年に入り母の言葉数が減っていることを相談した。訪問医と相談してくれるという。

健康補助食品Fを二包にしたこと、ショートステイの回数を増やしたこと、寒くなってからトマトジュースを飲ませていないことなど、最近起きた大きな変化が関係しているのかもしれないと、自分では考えている。

一三日（木）

母の様子を確認するために、施設を見学した。

昼食のメニューは、冷たい粥、副食はすべて刻み食とあまり魅力的ではなかった。食事は職員が介助していたが、気になったのは母が前かがみで食事をしていたことだった。わが家では胸にクッションを当て、食後はさらに顎の下に別のクッションを入れて姿勢を保っている。次週には食事時のクッションを持参させることにした。この例でわかるように施設での生活は、家族がチェックしなければわからないことが多い。午後の入浴も見学した。母は入浴時に大量の便をもらした。立位で腹部を温めるので致し方ない。「お世話をおかけします」と伝えた。その後、職員から緊急ミーティング議事録を手渡された。会議には施設の代表者も出席していた。誠実さを感じる。改善に向けて期待をもった。

一四日（金）

午後に訪問医が来る。気になっている発語の減少と、左足の硬直について相談した。発語に効果が高い、新しい健康補助食品の服用を検討しましょうということだった。

一五日（土）

理学療法士に昨日訪問医にした質問と同じ相談をしたところ、筋肉の硬直にはボトックス注射[27]がよいという返事だった。できればその注射をお願いしたいと思った。専門家のアドバイスは助かる。これからも折にふれて、助言を求めていこうと考えている。

一七日（月）

久しぶりに施設長がおむつ交換に訪れ、尿とりパッドに鮮血が付着しているのを確認した。

夜には知人の看護師（産婦人科婦長）に電話で相談する。膣の傷は治りにくく、ましてや高齢者となると時間がかかるが、ワセリンの塗布は適切な処置だと教えられた。このまま完治するのを待つしかないようだ。

二〇日（木）

頼りにしていた施設長が交通事故に遭い、しばらく施設を休むという。ショックな出来事だ。

二三日（日）

今朝、再びおむつ交換の職員が来ないという事態が起きる。家族で処置したが、これで三回目である。どういう運営をしているのだろう。

尿とりパッドには数か所の出血痕があった。訪問看護師に連絡すると、明日確認するという。膣の傷はなかなか治らない。

二四日（月）

新人職員がおむつ交換に来たが、昨日の事態をまったく把握していなかった。いったいどういうことだろう。おむつ交換もまだ三年のキャリアということでうまくなかった。こつさえつかめれば、素人でもすぐに習得できる技術なのに残念だ。

三月──不可解な便秘の原因を探る

六日（木）

福祉用具を貸与している事業所から電話が入り、今月いっぱいで廃業するとのこと。同業者が引き継ぐらしい。この業界も競争が厳しいようだ。

お願いしていた発語に効くという新しい健康補助食品が届いたので、朝食後に食べさせることにした。新しい健康補助食品は夕食後に服用する。効果が上がってくれるとよい。

一〇日（月）

新しい健康補助食品を服用して四日が過ぎた。それ以降、便通に変化が見られる。健康補助食品の影響かもしれない。健康補助食品を使い始めた当初も便秘になったので心配したことがあった。薬が馴染むのに時間のかかる体質なのかもしれない。しばらく様子をみることにしたい。

一一日（火）

母がショートステイ先で、嘔吐して白目をむき、意識も低下しているとの緊急連絡を受けた。あわてて施設へ行き、ケアマネジャーとともに救急車に乗る。病院では「迷走神経反射」だと告げられた。貧血や副交感神経の乱れにより起こる症状だそうである。夜には再びケアマネジャーから「気持ち悪そうでゼリーも召し上がられません。食事もほしくないようで、血圧も低めです」と電話をもらう。きめ細やかな対応だ。この施設にお世話になっていてよかったと納得する。明日は快復してほしいと祈る思いだ。

一二日（水）

施設での母の昼食をとる様子が変だ。食べものをひどくこぼす。また突然「帰るわー」と声をあげる。変調の原因を考えてみた。左方向に肢体の不自由な障害者が食事をしている。母は右目が見えないが左目はよく見える。もしかしたら、自身が認知症であることを忘れ、障害者と同じテーブルで食事をすることを嫌がっているのかもしれないと思った。さっそくケアマネジャーに相談する。

一三日（木）

同じ食事テーブルの障害者が、母の左目から見えないよう、食事の際に車椅子の位置の角度を変えてもらえないかと、ケアマネジャーに要望した。検討するとの返事をもらう。わがままな母である。皆さんに迷惑をかけて申し訳ない。

一四日（金）

訪問医と先日の「迷走神経反射」について話し

合った。「迷走神経反射」は高齢者に起こることなので対策はないということだ。血液検査の結果については特に問題はないという。今後も健康管理については充分に注意を払いたい。

一五日（土）

新しい健康補助食品の使用開始から一週間が過ぎた。気のせいかもしれないが、言葉数や発語が少し増えているようだ。目の前でわたしが茶を飲んでいると「そのお茶おいしいか」と言う。夕飯で食べたいものを尋ねると「豚」と返事をしたので、ハンバーグを五口食べさせた。左手をクッションに乗せると「触るな」と叫ぶ。また掻き傷予防のために右手に手袋をはめているが「こんな手袋かなわんわ」と文句を言う。こんなにいくつもの言葉を発したのは珍しい。確実に効果が現れている。

二〇日（木）

ショートステイから戻ってきても、まだ便秘が続いている。夜のおむつ交換の時に、夫が母の腹を押し、わたしが綿棒で肛門を刺激してみたが効果はなかった。原因は新しい健康補助食品にある気がする。一時止めようと思う。

二二日（土）

朝一番で訪問看護ステーションに電話し、便秘の状況を伝える。看護師を派遣してほしかったが、介護保険の限度額をオーバーするので、夫と相談して、薬局で浣腸を購入し自宅で処置することにした。

午前中に理学療法士が来たので腹部のマッサージを施したのちに、浣腸を実行してみた。すると茶碗一杯半ぐらいの便が出る。ほっと胸をなでおろしたが、次のことを思った。まず、なぜ施設の職員は浣腸を試さなかったのか。もうひとつは、素人が薬局に売っている浣腸を使って解決できるなら、介護専門職の意味がないというだ。いろいろ考えさせられる事件だった。

二三日（日）

今朝おむつ交換に来た施設の職員に、ショートステイでも浣腸をしてくれるかどうかを尋ねた。看護師がいれば対応できるということだった。つまり自分たちだけでは対処できないということだ。もし次回便秘になったら浣腸を自分たちで処置しようと思った。

二四日（月）

今日で便秘が三日目となった。便秘に縁のなかった母に何が起きているのか。この疑問に答えてくれる資格保持者は誰もいない。

介護の疲れがたまり、三日ほど前から左肩から左手の先までしびれと鈍痛が続いている。午後にはマッサージ師の施術を受けた。あんまり痛いので、母に「おばあちゃん、左肩が痛んで困るわ。でも私は将来誰の世話にもなりたくないので老人ホームに入るで」と愚痴をこぼした。母は「ごめんなあ」と返してくれた。その言葉に思わず涙ぐんだ。わたしが不調に陥れば、母の介護に影響する。大事に至る前に、病院で診察を受けようと思う。

三〇日（日）

新しい健康補助食品を再開したが、今日もうずらの卵大の便だった。新しい健康補助食品を止めるか、それとも服用しつつ下剤を使うのか悩んだが、新しい健康補助食品を止めることにした。訪問医や訪問看護師、ケアマネジャーの助言ではなく、自分たちで判断した。薬のさじ加減はやはり介護している家族の判断のほうが的確だ。

三一日（月）

今日も便秘が続いている。ヨーグルト、果物、ゼリーなどを食べさせているのに、なぜ便秘になったのか不思議で仕方がない。認知症もそれなりに進んでいるので、どうしたものかと悩んでいる。

四月――順調に進む認知症治療と進化するわが家の介護

六日（日）

「おじい、おばあ、愛ちゃん」と叫ぶ癖は変わらない。最近では家族の顔が判別できない時がある。本当にわからなくなってしまったら、老人ホームに入所させてもいいかと考えることがある。でもホームでは、家族のように手厚い介護は望めないことを考えると思いとどまる。

七日（月）

新しい健康補助食品を止めて一〇日ほど経つ。現在もやや便秘気味だ。食事内容の問題ではなく、水分の補給が少ないのかもしれないと気づく。今週は訪問医が来るので相談したい。しかしおそらく下剤の使用を勧められるだろう。

明日、母は施設の花見だ。午後現地で合流することになっている。母は花が好きだから大喜びするだろう。

八日（火）

施設にほど近い市立公園で施設の花見があった。しかし母の体調を考えると、一五分ほどが限度だと考え、花見が終わると一番先に帰宅させてもらった。要介護5の母には疲れる行事だった（写真6）。

（写真6）施設主催の桜の花見へ出かける。15分ほどだったが、鼻に栄養チューブを挿入されていた頃から考えると夢のようだ。

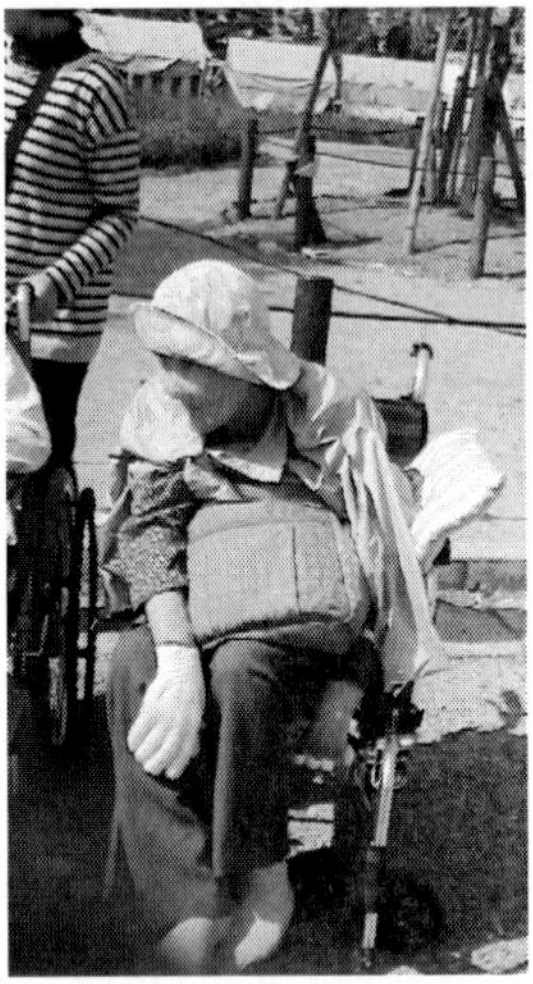

一〇日（木）

昨日の昼食は主菜も副菜もミキサー食になっていた。ミキサー食は噛まずに飲み込んでしまう。筋肉を刺激できず、認知症にはよくない。また唾液の出が悪くなるので、肺炎に罹患する危険性が高くなる。母は嚥下機能が良好なので、ミキサー食にしないよう職員にお願いした。夜のおむつ交換で便が出ていたが、これまでとは違い二〜三日に一度の排便になっている。すこし様子を見る必要がある。

一一日（金）

午後に訪問医がやってきた。ボトックス注射は五月末になりそうだった。二月に依頼していたのに対応がにぶい。

訪問看護師グループの医師に来てもらえないかと問い合わせると、医療外来費用は決まった訪問医に払っているので、単発の診療はできないと断られた。介護保険や医療保険などには、できないことが多すぎる。

一二日（土）

ここ二週間ほどわたしの体調がすぐれない。どうも胃腸炎らしい。セカンドオピニオンのため二軒目の医院の診察を受けた。来月がん検診を受けるために予約を入れた。在宅介護も一年を過ぎ、疲れが相当たまっているようだ。

出身の大学院の教員から、ゲスト講師としてゼミ生に講義をしてほしいとの依頼が来た。それまでには万全な体調に戻しておかなければいけない。

一三日（日）

母の便秘がやっと解消し、正しい体内リズムに戻った。毎日の食事がマンネリ化してきたので、一年ぶりに医療給食を検討している。ただ主食が白米なので、麦飯や黒米などに変更できないか問い合わせたい。

一四日（月）

今週末から医療給食が配達されることになった。副食のみの利用が可能で、介護認定を受けているので一食につき定額の介護給付が受けられるという。ショートステイ先にも配達は可能だが、衛生への配慮から、昼食の半分を夕食に回すような融通は利かないという。自宅で過ごしているような手厚い介護が施設の理念なのでできれば配慮してほしい。

一八日（金）

今日から昼食に医療給食を利用する。副食は四品。半分を食べさせて残りの半分は夕食用に冷蔵庫で保存する。完食したので味は気に入ったのだろう。

介護する家族の体調があまりよくないので、ショートステイを延ばすように施設と交渉したい。

一九日（土）

給食二日目。さっそく問題がいくつか出てきた。まずサツマイモが固くて歯ぐきで噛めない。また、はんぺんがサイコロ状に切ってあるが、粥を口に運ぶと、はんぺんがそのまま口の中に残る。おひたしはとろみがついているが長過ぎるので、五ミリ長の刻みにしてほしい。味は母の気に入ったようなのでもう少し配慮をお願いしたいと、空箱にメモを入れておいた。

二二日（火）

ショートステイ延長の希望は断られた。ところが通常の持ち物で母を送り出すと、おむつ等必需品の数が足らないという連絡が来た。どうやら施設職員の間で、ショートステイの延長について情報が錯綜していたようだ。職員同士の連携にはときどき不手際がある。介護側がショートステイを利用する場合、はずせない用事があるなど、ぎりぎりの調整をしていることも多いので、連携の確実性を高めてほしい。

五月――思いがけないわたしの不調

一〇日（日）

実はわたし自身が三月下旬から大きく体調を崩していた。腹痛が収まらなかったのだ。三か所の胃腸内科を受診してやっとその原因がわかった。三月末に左腕の激痛に耐えかねて整形外科を受診したが、その際にレントゲン検査で腕の関節あたりに石（石灰）が溜まっているのが見つかった。とりあえず痛み止めの注射を打ったが、その日から軟便・下痢が始まったのである。その痛み止めの注射にはリンデロン（抗生剤）とキシロカインが成分として含まれている。そのリンデロンによる偽膜性大腸炎が疑われるということだった。

しかし病院の処方薬では下痢は止まず、消化のよい粥や麺類などしか受け付けないので、体力が落ちた。念のために受けたがん検診は異常なしだったが、点滴と飲み薬の効果はわからない。来週から母を現在世話になっている施設に預けることにした。自分の身体が思うようにならないので、これ以上の在宅介護は無理だと判断したのだ。

一三日（火）

ショートステイの延長を施設に相談する。しかし週末のみの宿泊利用者が決まっているので、通しでの利用は無理だと言われた。本当に困っていたが、空いている日程だけでもお願いすることにした。母が留守の間に、できるだけ健康を回復しなければいけない。体調不良は相変わらずだが、薬を飲んでも下痢の症状は収まらず、処方薬の服用を止めてみることにした。

二〇日（火）

町の開業医では治らないので、紹介状をもらい総合病院に出かけた。病原性大腸菌との診断を受けたので便の検査をする。二日後に検査結果を聞きに行くと、炎症もなく、病原菌も見つからず、特に問題はないとのことだった。とりあえず下痢止めと乳酸菌の薬をもらい帰宅する。二か月以上も下痢が続き、体重は五キログラムも落ちた。今回の薬が奏効することを祈るのみだ。

六月――下駄の効用

一三日（金）

わたしの体調は、服用した薬が効いたのかだいぶ楽になった。

母の便秘については、以前のように果物を食べさせると解消することがわかった。さびしいのは、認知症が進み、家族の顔が判別できなくなることが多くなってきたことだ。元気で食欲旺盛なのがせめてもの救いだ。

母のおむつ外しは、わたしの体調不良で実行できなかったが、いつか必ず再チャレンジしたいものだ。

真夏日が続いたので、部屋のレイアウトを夏向けに変えた。ベッドが壁際にあり、テレビの熱がこもるのだ。熱中症には気をつけたい。

二八日（土）

わたしの体調は一進一退。

買物へ行く前に「何か欲しい物ある」と母に訊いたら「げた」という答えが返ってきた。履く下駄のことかと確認するとうなずく。母は今でも歩きたいと願っているのかもしれない。下駄ではなく、上履きのサンダルを買ってあげると、とても喜んでいる様子だった。夕食の際に履かせてみた。悲しいことに足の感覚はわからないようだった。しかし最近はおやすみと声をかけても首を振るだけで言葉が返ってこないことが多くなったのに、今夜は「おやすみなさい」と返ってきた。下駄が役に立ったのかもしれない。

七月――苛立ちがつのる施設の対応

三日（木）

わたしが体調不良に陥って三か月が経つ。やっと普段の生活に戻りつつある。自分が病気をして、二泊三日のショートステイが、介護している家族にとっては大変ありがたいサービスだと実感することができた。一年一か月続いた添い寝はわたしの体調不良で終了となったが、その間にわたしたち母娘は成長したように感じる。あれだけわたしたちを悩ませた、腕や首の自傷痕はほぼなくなり、夫が探してきた腕貫も今は使わずに済む。尿もれもなくなったのでラバーシーツも必要ない。去年の二月に家に呼び寄せた時に比べると、別人のようによくなっている。ありがたい。

わたしは先月から、本年の目標である自己研鑽に取り組んでいる。母が大人しくしてくれているから、家族が介護に協力してくれるから、優秀な介護スタッフに恵まれたからこそ、こうした活動に取り組める。来年春にどれくらい成果が出るか、楽しみだ。

二二日(火)

ショートステイの入浴の際、母が子宮から出血した。施設からは、「婦人科で診察を受けてください」と連絡が入ったが、母は要介護5で半身不随、おまけに認知症の高齢者だ。ちゃんと診察を受けられるかどうか心配である。

二三日(水)

婦人科の病院に母を連れて行く。医師から診察台に載れるかと尋ねられたので、夫が抱え、看護師が介助して診察台に載せた。がん検診と触診をし、内視鏡検査も行う。少し声を出したが、心配していたよりスムーズだった。診察の結果、特に異常は認められなかった。施設の職員に報告するとみな胸をなでおろしていた。何事もなく本当によかった。

二七日(日)

昼のおむつ交換時に中量の出血を確認したので坐薬を入れようとしたが、膣を洗浄したところ、縦長の傷口を見つけた。ここから出血していたのかと思った。なぜ婦人科の医師も施設の職員も見つけることができなかったのだろう。傷は母が入浴の際に右手で引っ掻いたのだろうと思われた。しかし数か月前に大騒動になり、施設全体で改善に取り組んだのに、まだこのようなことが起こるとは。とりあえず施設には電話を入れ、その旨を伝えた。

二九日（火）

出血のことについてケアマネジャーは「婦人科で内診をした場合には、その後出血があります」とのことだった。でも診察の前日にも出血している。それから、「今週は帰宅して翌々日にお迎えですが本人には負担になると思います。それに土曜日はわたし（ケアマネジャーのこと）が休みなので、お迎えに行けません。通しでお泊りされたほうがいいと思います」と言う。出かける準備をしている時に突然言われても対応できない。せめて前日までに相談があってもいいはずだ。このような対応、たび重なる出血、さらには手足にできるあざの問題も解決していない。いっそ施設を変えようかと悩んだ。

八月――よりよい施設を求めて

六日（水）

夕方に、母がショートステイから帰宅した。帰って来ると少し興奮しているように見える。久しぶりに家族で食卓を囲む。

夜のおむつ交換は、尿とりパッドが大量の軟便であふれて悪戦苦闘する。約二〇分かかって処理することができた。施設では母のベッドの右上にエアコンが設置されていたので、エアコンの風に当たり冷えたのかもしれない。とりあえず明後日に訪問医の往診があるので相談したい。

九日（土）

母が下痢気味であることを訪問医に伝えると下痢止めを処方された。効果が出たらすぐに中止するよう念を押される。

午後からは、新設の高齢者施設へ見学に出かける。ショートステイがあるということなので説明を受けた。気に入ったのは、車椅子のままで入浴ができること、エアマットが常備されているので持参しなくてよいこと。ショートステイの中日にはリハビリテーションを受けることができる。管理栄養士がいて施設の中で調理されていること、などだ。今お世話になっている施設に比べると利点が多いが、職員や利用者と仲よくしてもらっているので、設備が整っているからといって、おいそれとは移れない。人間関係は一番大切だ。

二一日（木）

母が今月二度目の長期ショートステイから帰ってきた。三日ほど便通がないという。ストレスが溜まったせいなのかもしれない。それよりも両腕に皮下出血が数か所あり、おまけに仙骨部で皮膚がめくれていた。やはり長いショートステイは不都合が多い。車椅子の座席カバーが洗濯されているのを発見した。どうやら嘔吐したらしい。しかしそのような報告は一切ない。以前、母が施設で嘔吐した時は、職員が母にシチューを食べさせたことが原因だった。食べさせてはいけないという情報が現場に徹底されていなかったのだ。どこの施設も最初は対応がよいのに、しばらく経つとおかしくなる。来週は、新設の高齢者施設の相談員が来るので、ぜひ話を聞きたい。

二六日（火）

先日見学した高齢者施設の相談員、看護師、介護士、理学療法士の訪問を受けた。これまでの経過と身体状態について説明した後、質問を受ける。約一時間の面談だったが、施設で会議を行い、入居の連絡をするとのことだった。しかし午後に連絡があり、三階から一階に下ろす作業ができないので、施設は利用できないという返事をもらった。残念だ。

二九日（金）

午後に訪問医がやってきた。母の身体状況について相談して、薬を処方する。その際、来月開設される有料老人ホームのパンフレットをもらう。デイサービスとショートステイも行われるらしい。母の健康状態を知っている訪問医からの推薦なので安心して利用できそうだった。一度見学に行くことにしたい。

九月――次々と変わる介護サービス先

二日（火）

新設の住宅型有料老人ホームへ見学に出かけた。職員の応対説明は丁寧。個室もやや広く感じた。風呂も個浴、一般浴以外にも機械浴などの特殊浴槽が整っている。マネジャーの説明では、利用者の状態に適した入浴ができるという。褥瘡対策のエアマットについては、設置してもらえるということだった。一〇月から利用できるが、まずはデイサービスでの宿泊となり、今後はショートステイができるように市に申請が行われるという。課題となる三階から一階に下ろす作業は、車椅子専用車で迎えに来るマネジャーが担当することになった。以前にも同じようなケースを経験しているというので安心できる。何よりも訪問医が関与しているので、病気などへの対応は心配ない。

一二日（金）

新しい施設の訪問看護師がやってくる。作業中に母が便意を催したので、摘便を行った。見事な手さばきでゴルフボール二個程度の便を掻きだす。初めて立ち会ったが感動した。看護師は体のあざや傷なども細かくチェックし、そのつどアドバイスをしてくれる。とても信頼できそうだ。

訪問医とケアマネジャーと施設の管理者がやってくる。来月から利用できるようなので契約を決める。これで一安心だ。

一八日（木）

来月からデイサービスを受ける施設のケアマネジャーが来る。これまでの経過や病歴、食事の注意点などを話し、居宅サービスの説明を受けた後で契約を交わす。

夕方、母がショートステイから帰宅する。先週に続き右足にあざがあったが職員に尋ねても、どこでどのようにできたかわからなかった。その施設のケアマネジャーから、「来月からは他の施設のデイサービスに行かれるのですね」と確認される。

二六日（金）

来月から通う施設の食事会へ行く。ほうれん草のおひたしが固かったことと小芋の味噌煮に芯があったことが不満だったが、ご飯や味噌汁はもちろん、焼き魚はていねいに骨が抜いてあるなど食べやすかった。昼食後にはケアマネジャーとヘルパー、福祉用具の責任者と顔を合わせた。宿泊施設も見学。エアマットを装備するベッドが置かれているだけだったが、とても広く感じた。職員の応対もよく、母も慣れてくれるのではないか。

午後に残念な連絡があった。在宅介護を始めてからずっと世話になっていた訪問看護ステーションが今月末で閉鎖されるのだ。信頼していただけに、とてもショックだ。

一〇月——希望にみちた船出

三日（金）

昨日から新しいデイサービスが始まった。ヘルパーと管理者が迎えに来る。機械浴に慣れていないので心配したが「気持ちよさそうに」入浴したそうだ。おやつのコーヒーも飲んだ様子。また、夜間に三回も尿とりパッドの交換をしたということだ。感染症の予防のために七、八回は交換するということ。きめこまやかな対応に感激した。陰部洗浄用のタオルや入浴時のバスタオル、ハンドタオルと口腔ケア用の歯磨きシート、室内用のテレビ（台付き）など、次回にはいろいろと必要な備品があるが、住宅型有料老人ホームの経営なので当然だと納得する。

七日（火）

二度目のデイサービスも順調。食堂ではケアマネジャーと二名の職員に見守られて夕食を完食したということだ。環境が変わったので便秘気味だが、医師から浣腸の指示も出されるようである。職員にはとてもよくしていただいている。ありがたい。

一〇日（金）

心配していた母の便秘は、デイサービスの二日間のうちに解決した。ただし膣から出血があり医師の診察をあおぐようにとの連絡があった。診察を受けたが家庭で坐薬を処方することで対処できると言われほっとした。

出血はその後もあり、夜のおむつ交換時にも見られたので坐薬を使った。

このまま出血が続くようであれば、施設で介護を受けることを再考しなければならない。どの施設でも母が無事に帰ってきたことなどほとんどないからだ。

介護施設でのサービスに在宅介護並みを求めるのは無理なのだろうか。

結局、在宅介護にまさる介護はないということに気づいた。

今後、高齢者人口が増えるのに合わせて、介護を中心にしたシニアビジネスはますます盛んになるだろう。

しかし現状のように、ただ単位を稼ぐだけの介護、技術や知識が低いままのスタッフを放置する制度運営、かゆいところに手が届かない硬直した行政が続くようなら、介護保険制度自体の存在意義が失われるように思う。

新しい訪問看護事業所の責任者がサービスの内容説明と契約に来た。介護給付費の単位に余裕があるので、来月から理学療法士の訪問を週二回にした。母の足は最近、拘縮による交差が始まっているので少しでも回復させたい。

一三日（月）

再び母の便秘が始まったが、昨日今日と大量の便が出てひと安心する。

季節の移り変わりと施設の変更という大きな環境の変化によって、排便のリズムが変わったのかもしれない。ケアマネジャーに施設での様子を尋ねると、デイサービスではよく話をしているとのことだ。表面上は予想以上に適応しているようなので、しばらく様子をみよう。

一六日（木）

デイサービスから戻ると、また膣から出血があった。念のために、以前処方されたクロマイ膣錠を使用する。高齢者にも不正出血があると聞く。心配だ。

一七日（金）

今朝ヘルパーに出血のことを伝える。デイサービスでは陰部洗浄の際、清拭をタオルではなくペーパーで行うという。母は皮膚が敏感なので紙では傷がつきやすい。それが出血の原因かもしれないとヘルパーに投げかけてみた。するとヘルパーもやわらかい布のほうが皮膚にはいいと言う。そこで、おむつ交換時の洗浄にはタオルを使うよう伝えることにした。

二四日（金）

連絡帳で伝えたタオルの件を、施設ではさっそく取り入れたようだ。対応が早く的確でうれしい。デイサービスでは毎日入浴しているという。以前は機械浴が苦手だった母だが、今は「気持ちよさそうにしている」という報告を受けた。今度の施設の職員から手厚い介護を受け、母も安心しているようだ。こんなにうれしいことはない。新しい訪問看護ステーションの理学療法士によるリハビリテーションも、母は大人しく受けている。数秒だがベッドで座位を保つこともできるようになった。後はこの状態を維持し、できれば少しでも回復してくれればいい。次回は作業療法士による機能回復訓練だ。母がどこまで昔の姿を取り戻せるか。ありがたいとともに楽しみだ。

一一月――新しい施設でも ただよい始める暗雲

五日（水）

夕方、母がショートステイから戻ると、職員が施設での母の姿を収めた写真を持参してくれた。こんなサービスは初めて経験する。うれしい。

母は笑顔でリハビリボールを握っている（写真7）。またすてきな笑顔の写真もある（写真8）。

写真を見ながら、職員が、「いろいろな言葉がわかるようになってきましたので、介護させていただくのが楽しくなりました」と言う。

心が温かくなった。

上（写真7）施設での母の姿。麻痺していた左手でもリハビリボールを扱えるようになった。

左（写真8）椅子にしっかり座り、笑うことも泣くこともできるようになった。施設内での様子がわかるというのは、家族にとって本当にありがたいサービスだ。

一一日（火）

今朝はデイサービスの日だ。先日から臀部に褥瘡らしきものを見つけたので申し送りした。

施設長から先月の利用請求書を受け取る。請求書を確認したところ、デイサービスの利用が一三日で宿泊は八日だったのに、宿泊が一三日でカウントされていた。また食事の料金計算にも間違いがあった。帰宅する日は朝食と昼食のみなのに三食分の一五〇〇円とカウントされていたのだ。問い合わせたところ、管理料を払っていない場合は、このような計算方式になるのだということだった。管理料とは光熱費のこと。管理料を請求されたのはこれが初めてだった。他の利用者からは問い合わせがないのだろうか。それとも住宅型有料老人ホームの料金はホームごとに違うのだろうか。

先日、新聞に、今後は有料老人ホームのデイサービスとショートステイが増えるという記事が掲載されていた。利用料金が今までより安いからというのがその理由として挙げられていた。

介護は申し分ない。母も喜んで出かけている。しかしお金のことで不安に思うのは残念だ。円満な解決をお願いしたい。

一三日（木）

ケアマネジャーから利用料金についての回答があった。食事は利用した回数の請求、宿泊費についても宿泊日数で計算するということだった。また、管理費は不要ということになった。母も家族も満足し、今後も利用したいと考えていた施設なので、誠実な対応に胸をなでおろした。ただし気がかりなのは膣からの出血だ。

二〇日（木）

管理者からデイサービスでも個室を利用してい

るので部屋代をいただくと連絡がある。これは施設の方針なので当然だ。

夜にケアマネジャーから施設を退職すると電話があった。くわしいことはわからないが管理者との間で意見の相違があったらしい。高齢者施設の円滑な運営と良質なサービスの提供には、職員同士のチームプレーが欠かせない。それがうまくいかないのなら仕方がないだろう。しかし手厚い介護に満足していたところだったのでショックだった。

二一日（金）

いつもの訪問看護師が来る。来月の介護サービス計画書が手元に来ていないのでサービスが提供できなくなるとのことだった。計画書はケアマネジャーが提出するが、その人が退職してしまったからだ。大至急新しいケアマネジャーを探さなければならない。結局、訪問看護師の知り合いのケアマネジャーを紹介してもらうことで決着した。専門職の方の退職や施設の閉鎖はたびたび経験しているがいつも突然で、対応にひと苦労する。何か打つ手はないだろうか。

二二日（土）

ヘルパーから清拭用のガーゼをちょうだいする。出血問題で悩んでいることを相談したら、少しでもやわらかい布がいいだろうと持参してくれたのだ。ありがたい。また、今の施設ではおむつ交換の回数が多いので、それも減らしてはどうかとアドバイスされた。いくらやさしく拭いても、回数が多ければそれだけ皮膚も弱るからだ。来週にでも施設に要望を出すつもりだ。

期待して利用を始めた高齢者施設だが、実際に通い始めるとアラが目につく。家庭の事情さえ折り合いがつけば、やはり一番いいのは在宅介護だ。

現在の介護保険制度や高齢者政策には課題や問題が多すぎる。

二七日（木）

施設に、おむつ交換を一日四回にしてほしいと依頼する。その結果、出血が見られなかったと報告を受けたので、次回からも同じ処置をお願いする。ところが、夜のおむつ交換時に出血があることを発見する。再度、施設の報告に疑問を抱いた。出血が続くようならまた施設を移らなければならない。

二八日（金）

訪問看護師と新しいケアマネジャーが来る。ケアマネジャーは病院での事務責任者、社会福祉士など福祉業務の経験が長いことに加えて、自身の母も認知症で週五日のショートステイを利用しているということだった。

夜のおむつ交換時に、また尿とりパッドに出血痕を見つける。原因がわからない。母一人の出血の原因すらわからないのなら、「介護保険制度などいらない、専門職の人は今すぐその看板を下ろしてください」とでも言いたくなる。本当に困っている。

一二月——頼りになる専門職スタッフ

一二日（金）

理学療法士のリハビリテーションがある。リハビリテーション後は母をベッドに腰かけさせる。理学療法士から、最近は姿勢が安定したので今後は立位の練習をしましょうと提案される。できることが増えていくのは、本人はもちろん、家族にもたいへんな喜びだ。

訪問医にインフルエンザ注射を依頼していたが、デイサービスの日に済ませた旨の報告を受ける。

夜に久しぶりの出血があったのでワセリンで処置する。陰部の皮膚が過敏になっているので、細心の注意が必要だ。

二四日（水）

先日、ベッド上で母を動かすには、両腕を母の背中に回して持ちあげなければならない。その作業が腰に負担がかかってたいへんだと理学療法士に相談したら、「移座えもんシート」[28]の存在を教えてくれた。早速ネットで注文したところ、本日到着。専門職の方の現場を知り尽くした上での知識はほんとうに役に立つ。

二〇一五（平成二七）年

一月――悪化する施設内の環境

五日（月）

年末年始のショートステイから母が帰ってくる。職員からは滞在時に問題はなかったとの報告を受けたが、翌日のおむつ交換時に、これまでにない大量出血があった。膣を確認したところ、かさぶたが見つかる。過去の例から想像するに、入浴時に右手で膣を掻いているのではないかと考えられる。訪問医が開設したホームだからと期待していたが、こうしたことが起こると不安がつのる。

一一日（土）

夕食後、母がおかしい。呼吸に異常があり、口から泡を吹き、顔面が蒼白になる。あわててベッドに寝かせ、訪問看護師に電話をする。訪問看護師はすぐに駆けつけると、バイタルチェックとおむつの確認をする。便が大量に出ており、それが原因で血圧が低下したようだった。その後、訪問医に連絡すると様子をみようとのこと。大事に至らなくて安心した。もしもの時に訪問看護師の存在は心強い。

一五日（木）

夕方、デイサービスの宿泊から戻ってきた母に付き添っていたのは、ケアマネジャーとフィリピン人の新人職員、マリさんだった。事情を尋ねると、職員数人が立て続けに辞めてしまったという。施設運営に何か問題が起きているのではないかと不安になる。

夜のおむつ交換では、夫が母の腹を押さえ、私が介助をした。いつもより時間がかかったが、たくさんの便が出た。

一九日（月）

理学療法士とともに言語聴覚士が来た。椅子に座り、右手にペンを持たせて名前を書く練習をする。母がペン先を目で追っているのがわかる。先週はペンを握ることすらできなかったので、だいぶ進歩したようだ。うれしい。うれしいと言えば、ここ一〇日ほどは膣からの出血がない。改善策が功を奏したようだ。

二二日（木）

今まで二人だったデイサービスの送迎職員が一人になった。職員の数が不足しているのだという。わが家には夫と私がいるので送迎に支障はないが問題は施設での介助だ。

そういえば、尿とりパッドについて施設で常用している短いサイズのものは使用しないでほしいと伝えていたのにそれが使われていたり、左足のひざや右足の甲などあざの数が増えているなど、これまでなら考えられない不可解な出来事が連続して起こっていたことを思い出した。開設からわずか四か月。早くも職員が不足するとは一体どういうことだろう。

三〇日（金）

おかしなことはまだまだある。昨日、デイサービスから持ち帰った下着に嘔吐の痕が残されていたのだ。訪問医に相談すると、「食事で苦手なものが出されたのか、室温が高かったのではないか」ということだった。老人ホームは入居者が増えたようである。しかし多くの職員が退職し、業務がうまく回っていない様子だった。嘆いてばかりでは仕方ないので、連絡帳に母の苦手な食べものを書き、注意を促すことにした。

二月――明暗を分ける施設と専門職スタッフ

三日（火）

訪問医に相談した内容を職員に話すと、そのような連絡は受けていないとのこと。また、下着が汚れていたことは確かだが、それが嘔吐の痕だとは特定できないということだった。迷宮入りになりそうだ。四日前には右手に青あざができていた。これも、自分でベッドの柵の間に腕を入れて自分でつけた傷だということだった。

五日（木）

今日も送迎の職員は一人だ。右手のあざのところに新しい赤あざができていたので、柵に手が入らないように注意をお願いした。また、通い袋の夜間用尿とりパッドが二枚とも使われていなかったので、夜間はどうしたのかと訊いたが、送迎の職員にはわからないようだった。職員が少ないだけなく、連絡もうまくいっていないらしい。

六日（金）

理学療法士が、今日は指の運動をしようと提案する。まずテーブルに磁石のついた丸い物を置く。母の右手を理学療法士が誘導し、自分で握るように促す。固唾を呑んで見守っていると、母の右手にわずかだが力が入り、握ろうとする瞬間があったように見えた。

訪問看護ステーションには、作業療法士（ＯＴ）、理学療法士（ＰＴ）、言語聴覚士（ＳＴ）、看護師が待機している。それぞれの専門分野から適切なアプローチを試みてくれる。在宅の介護者にはとても心強い存在だ。

三月——冬を乗り越えて

二〇日（金）

介護記録はしばらく休んでいた。この間に次のようなことが起こった。

①デイサービスはあいかわらず人材不足で、一人採用しても一人退職するような状態が続く。施設長までが介護現場に駆りだされている。

②母が就寝中にベッドの柵に腕を入れ、赤あざを作った件は、ケアマネジャーのアドバイスで、ベッドの柵にカバーを付けて対処した。

③週三日利用している医療給食にも飽きてきたようなので業者を変更しようとしたが、適当

な業者が見つからない。
④おむつの宅配業者が廃業したので、新しい業者をケアマネジャーに紹介してもらった。
⑤昨秋からお世話になっている訪問看護ステーションが新規店舗を開設する。そのため、母を担当していた理学療法士と作業療法士が転勤するかもしれないという。スタッフが変わると母が情緒不安定になるので心配だ。
⑥最大の課題であった尿とりパッドの出血は、ベッドから車椅子へといった移乗の際に、介助者がズボンやパジャマの腰部分をつかみ股間を圧迫することが原因だとわかったので、脇に両腕を入れて移乗する方法に変えた。すると、長い間続いていた出血がピタリと止んだ。原因は意外に身近なことだったのだ。これは大きな成果だった。

母もわたしたちも、寒い冬も風邪をひくことなく乗り越えた。感謝したい。

四月——母が取り戻した涙

一〇日（金）

理学療法士のリハビリテーションを受けた後、椅子に移乗させると、理学療法士は母の座る姿勢をしげしげと眺めて「今日は完璧な座り方ですね」と言った。とてもうれしかった。理学療法士は今日を最後に転勤する。帰る時に「ありがとうございました。今日が最後です」と挨拶すると、突然母が泣き出した。お世話になったこと、転勤すること、明日からはもうリハビリテーションをしてもらえないことを、よく理解しているようだった。母傍らにいたわたしも、思わずもらい泣きした。母は、鼻からチューブを突っ込まれ、自分も他人もわからず、後は死を待つのみという状態から、別れに涙するまでになったのだ。

施設に預けることを止め、在宅介護を決意して本当によかった。

ここまで来られたのも、在宅介護を支援してくれた専門職のスタッフ、デイサービス等を引き受けてくれた施設、そして、わたしの介護を陰に日なたに助けてくれた夫を始めとする家族のおかげだ。

お母さん、ありがとう。

わたしはこれからもずっと在宅介護を続けるつもりです。

在宅介護を喜びとするために——むすびに代えて

二年前の春にわたしが選んだ在宅介護の道を振り返ると、苦難の連続だったような気がします。その理由はどんなところにあったのでしょう?

在宅介護の実践からわたしが導き出した、在宅介護を困難にしている原因と、その改善案をまとめてみました。

①　認知症や高齢者への医師対応レベルの向上と標準化を

本書で特に問題になったのは、認知症治療薬と睡眠薬の処方です。同じ薬でも用法用量によっては症状を悪化させる可能性があるのです。認知症の悪化は同時に在宅介護の困難度を高めます。医療はわたしたち素人ではわかりかねる分野ですが、治療法等の新たな開発や共有をよりいっそう進めていただきたいと思います。

② 安全と安心に配慮した高齢者施設運営を

幸いにもわたしには在宅介護可能な条件がそろっていました。しかし世の中には施設に預けなければいけない事情をもつご家庭が多くあります。また在宅介護をする場合も、デイサービスやショートステイを利用する場面が必ず訪れます。そんな時、施設に送り出した父や母が必ずどこかに傷を負って帰ってきたらどう考えるでしょう。折から施設内での高齢者虐待が頻繁にニュースとなっています。作為不作為にかかわらず事故全般を可能な限り防止し、安全で安心な高齢者施設運営を行ってほしいものです。またそのために、施設側でなく利用者の立場に立った情報公開が必要だと考えます。

③ 小さな介護技術の共有化を

本書第三章に何度も登場した「おむつ交換」に代表されるように、介護の現場ではちょっとした技術がキーポイントになります。にもかかわらず、多くの介護従事者にそれが共有されておらず、被介護者のＱＯＬを著しく損ねたり、介護者を疲弊させる結果を招いたりします。

介護行政においては、大きな制度設計にとどまらず、こうした小さいけれども大切な技術を、専門家だけでなく一般市民も共有できる仕組みづくりをお願いしたいと考えます。

とはいえ、苦しみと同じくらいの喜びや楽しみとも出合うことができました。

もっとも大きかったのは、介護が多くの人びとに支えられているのだと実感できたことです。訪問医や訪問看護ステーション、高齢者施設のスタッフには本当にお世話になりましたし、疑問に思ったり、小言を言いたくなったことも多いけれど、感謝の気持ちを忘れたことは一度もありません。

それに在宅介護はこんな余禄も与えてくれます。

昨年の夏のことでした。

夏休みで里帰りに来た小学生の孫が、母の食事介助をしているわたしの姿をじっと見つめていました。

わたしは冗談半分本気半分で孫にこう言いました。

「おばあちゃんはひいおばあちゃんのお世話をしているけど、おばあちゃんが寝たきりになったら、みんなに迷惑をかけたくないから老人ホームに入るよ」

すると孫は大きな声でこう訴えました。

「それじゃいやだ。ちゃんとママが看てくれるよ」

わたしはその言葉に胸が熱くなりました。在宅介護は、自分と親との関係だけに留まるものではありません。その様子を見た自分の子や孫が、人間にとって大切な何かを感じ取る機会にもなるのです。

しかし在宅介護が与えてくれた一番の贈り物は、わたし自身も忘れていた母との記憶を思い出させてくれたことです。

本書の第二章で、わたしと母は縁のうすい母娘であると述べました。

しかし、毎日母の世話をし、日記をつけ、それを読み返したりしているうちに、すっかり忘れていたある記憶が蘇ってきました。

それは、わたしが社会人になったばかりの頃のことです。

わたしが母と義父との再婚に反対したことや、わたしの高校進学に反対されたことが尾を引いて、わたしと母との関係は、その頃もぎくしゃくしていました。しかし母は、わたしが会社勤めを始めると、昼食のお弁当を作ってくれるようになりました。

それも平凡なお弁当ではありません。栄養バランスを考慮し、かつすばらしい彩りで、もちろんたいへんおいしいお弁当でした。同僚に、

「とてもきれいなお弁当だね」

と、ほめられて誇らしく感じたのを今でもおぼえています。

その人もうらやむお弁当には、貧乏な子ども時代を送らせたことに対する母なりの償いの気

持ちが込められていたのかもしれません。

「わたしはちゃんと母に愛されていた」

第二章でわたしは、在宅介護に踏み切った理由は義父の言葉や地域の慣習にあると述べましたが、もしかしたらそうではなく、この母との遠い記憶が、知らず知らずのうちに、わたしの心と身体を動かしたのかもしれません。

本書の出版にあたり、ご指導ご助言をいただいた株式会社三恵社の木全哲也社長を始めとする社員のみなさま、並びに編集協力をいただいた鈴木俊之氏に謝意を捧げます。

そして今日までわたしを支えてくれた家族と、介護のよき協力者である夫の幸生に敬意を表し感謝を捧げて、本書のむすびとします。

平成二八年一月二日

伊藤シヅ子

1　認知症の中核症状（記憶障害、失見当、判断力障害、性格変化、実行機能障害、失認・失行・失語）を改善する治療薬。一九九九年に発売。Kメソッドでは興奮系の薬剤とされ、陽性症状の出ている患者が服用すると約二割に易怒や暴力、徘徊や転倒などが起こり、陽性症状が悪化するとしている。後掲注10一四四～一四五頁参照。

2　三好春樹著・東田勉編集協力『完全図解　新しい認知症ケア　介護編』（講談社、二〇一二）一一四頁。

3　介護用手袋。指を袋状に包み、危険行為やおむついじりを防ぐ。竹虎社製。

4　半消化態経腸栄養剤。食事がとれない時や消化吸収力が衰えている時に使用する総合栄養剤。バニラ、コーヒー、ストロベリーなどの味がある。口から飲めるほか、鼻や胃ろうからチューブで注入できる。

5　「尿もれパッド」「尿とりパッド」などとも言う。吸水性が高く、おむつの中にもらした尿を吸収する。パッドだけを取り替えればよいので、使用者の不快感を減らすことができると同時に、おむつ交換の負担が軽減される。

6　ベンゾジアゼピン系の睡眠薬。一九七二（昭和四七）年から販売されており、重篤な副作用が少ない。即効性は低く、長く深く眠りたい場合などに使用される。

7　ベンゾジアゼピン系の睡眠薬。一九八九（平成元）年発売。即効性は低いが、長く作用する。

8　一九六〇年代にスウェーデンで開発された緩和ケア療法。タクティールは「触れる」という意味のラテン語。ツボや筋肉を刺激するのではなく、接触によってホルモンの分泌を促し、不安感情などを取り除く効果があると言われる。

9　トリアゾラムというベンゾジアゼピン系の睡眠薬。ハルシオンは商品名。即効性があり、一五～二〇分で効果が現れる。大量服用により呼吸抑制が起こる等、副作用に注意しなければならない。

10 河野和彦著・東田勉編集協力『完全図解　新しい認知症ケア　医療編』（講談社、二〇一二）。

11 前掲注2参照。

12 河野和彦医師が提唱・実践する認知症薬物療法のこと。河野医師が運営する名古屋フォレストクリニックのホームページにマニュアルが公開されている。http://www.forest-cl.jp/method_2014/kono_metod_2014.pdf

13 前掲注1参照。

14 Kメソッドではこれを「家庭天秤法」と呼ぶ。前掲注10一七六〜一七七頁参照。

15 前掲注10二三二〜二三四頁参照。

16 「よくかんさん」と読む。白朮、茯苓、川芎、釣藤鈎、当帰、柴胡、甘草を原料とする漢方薬。認知症患者において幻覚や不安障害の改善に効果が認められている。

17 指の拘縮を予防する介護用品。指にはめて柔らかい棒を握る。棒の中材にはビーズ状のこまかい粒子を使用している。日本エンゼル社製。

18 手首からひじまでを覆う筒状の用具。皮膚の保護や袖の汚れを防止する。

19 「通所介護」とも言う。介護が必要な高齢者や障害者に日帰りで施設に通ってもらい、身の回りの世話や機能トレーニングなどを施すサービス。外出することで、利用者の心身機能の維持を図るほか、介護をする家族の負担を軽減することができる。

20 日本特装株式会社製。「おんぶ隊スタンダード」と「おんぶ隊プラス」の二種類がある。

21 棒状でスポンジやシリコンでできており、スプーンや箸、身の回り品の柄に巻きつけて使用する。手先が不自由な人でも持ちやすくなる。

22 チアプリド塩酸塩。Kメソッドでは周辺症状を改善する薬剤として「在宅生活が可能な程度の陽性症状」などに使用する。推奨用量は「まず二五ミリグラム錠で一日一～六錠の維持量を決める」。前掲注10一六七頁など。

23 防水性、透湿性にすぐれた医療テープ。ニチバン製。

24 正方形のクッション。

25 アミノグリコシド系抗生物質。細菌による感染症の治療に用いる。

26 「とこずれ」のこと。

27 ボツリヌス菌が作る毒素ボツリヌストキシンを注射して、緊張している筋肉を緩和させる治療法。痙性麻痺や痙縮の患者などが対象となる。

28 モリトー社製。ナイロンに特殊コーティングを施し、滑りやすくしたスライディングシート。硬質塩化ビニール製のボードもある。

本文中のデータは日記執筆当時、また脚注データは二〇一五年一〇月現在のものです。

■ 著者紹介

伊藤 シヅ子

1950 年　京都府亀岡市生まれ
1987 年　創価大学通信教育部法学部卒業
2003 年　椙山女学園大学大学院人間関係学研究科
修士課程修了
2006 年　愛知淑徳大学大学院現代社会研究科
博士後期課程単位取得満期退学
認定心理士。ヘルパー２級。
現在は高齢者生活相談員として活動中。

著　書　『高齢者の意識をさぐる―老人たちのつぶやき―』（あるむ)、『高齢者の意識をさぐる―老人たちの本音―』（あるむ)、『幸齢な生きかた　老いかた』（共著・風媒社)、『呼び寄せ高齢者―孤立から共生へ』（風媒社）

イラスト　小林 雅代

お母さんありがとう

在宅介護が教えてくれた
高齢者医療と福祉の現実、そして母の心

2016 年 1 月 2 日　初版発行

著　者　伊藤 シヅ子
定　価　本体価格 1,600 円+税
発行所　株式会社　三恵社
〒462-0056 愛知県名古屋市北区中丸町 2-24-1
TEL 052-915-5211　FAX 052-915-5019
URL http://www.sankeisha.com

　ISBN 978-4-86487-450-2 C0036 ¥1600E